언어적 자유를 위한 *100일* 프로젝트

손미나의
나의 첫
외국어 수업

손미나 지음

ORNADO
토 네 이 도

오랫동안 외국어 공부를 하면서 사용했던

나의 보물지도를 소개합니다.

당신만의 보물지도를 만들길 바라며

외국어를 배운 삶과 그렇지 않은 삶

'만약 외국어를 배우지 않았더라면 내 삶은 어떻게 달라졌을 까?'

이런 질문을 던져볼 때마다 아찔하다는 생각이 들 정도로 외국어는 내 인생에 큰 영향을 미쳤다. 물론 언어를 몇 개씩 할 줄 몰라도 나름대로의 행복을 찾아가며 살았겠지만 경험의 폭과 깊이에 있어 외국어를 배운 삶과 그렇지 않은 삶은 비교 자체가 불가하다는 것을 나는 누구보다 잘 알고 있다. 언어의 장벽을 무 너뜨리면 활동 무대가 한국에서 세계로 넓어지고, 친구를 맺을 수 있는 사람이 5천만에서 70억으로 늘어나며 지식이나 정보의 양과 향유할 수 있는 문화적 선택지는 무한대로 커진다.

누구에게나 똑같이 주어지는 단 한 번의 인생을 최대한 만끽할 수 있는 최고의 비법 중 하나는 단연 외국어 구사 능력을 키우는 것이라고, 나의 경험을 토대로 조금의 망설임도 없이 말할 수 있다. 성숙하고 포용력 있는 인간으로 성장하고 남들보다 큰 그림을 볼 수 있는 비전을 갖게 되는 것은 물론 몇 배 더 많은 기회를 얻어 그야말로 풍요로운 삶을 빚어 나갈 수 있는 것이다.

사람들은 나를 '1세대 N잡러'라고 부른다. 그러면서 종종 '일찌감치 N잡러가 되어 자유롭고도 다채로운 활동을 할 수 있게 된 비결이 무엇이냐'는 질문을 한다. 사실 내가 여행작가가 되겠다고 결정했을 때만 해도 한 사람이 여러 직업을 갖는 것은 매우 위험하고 무모한 도전으로 여겨졌다. 하지만 언제부터인가 'N잡러'는 많은 이들이 꿈꾸는 삶을 대변하는 말이 되었고 내게는 '1세대 N잡러'라는 말이 꼬리표처럼 따라다닌다.

10여 년 전, KBS를 퇴사할 당시에 이런 시대적 변화를 예상하고 'N잡러'가 되려고 작정한 것은 물론 아니다. 그러나 눈에 보이는 기회들을 적절한 타이밍에 잘 활용하다 보니 아나운서와 작가, 미국 언론사 〈허프포스트코리아〉 편집인과 알랭 드 보통의 인생학교 서울 교장의 자리를 거쳐 유튜버 채널을 운영하는 크리에이터까지 다양한 직업을 갖게 되었다. 국경 따위는 없다는 듯 지구를 우리 집 앞마당처럼 누비며 다양한 사람들을 만나 흥미진진한 경험도 원 없이 한 게 사실이다. 이런 삶이 가능하도록 원동력이 되어준 것은 바로 '외국어의 힘'이다.

여기에서 말하는 '외국어의 힘'은 남의 나라 말을 유창하게 구사하는 능력만을 의미하는 것이 아니다. 굳이 설명하면 일종의 자신감 같은 것을 포함하고 있는데 '긍정적이고 여유로운 마음'이라고도 할 수 있겠다. 많은 사람들이 변화를 간절히 원하면서도 선뜻 새로운 일에 도전하지 못하는 것은 비단 능력이 부족하거나 현실적인 조건이 따라주지 않아서 만은 아니다. 대개의 경우 그것은 '실패에 대한 두려움' 때문이다. 남다른 도전을 하는 이들은 유달리 겁 없는 사람들이라는 얘기일까? 그렇지 않다. 미지의 세상을 향해 걸어 나가거나, 남들이 가지 않은 길을 가는 것 혹은 자신의 한계를 시험해 보는 것은 누구에게나 두렵다. 다만 그런 일을 실행에 옮기는 사람들은 '실패해도 괜찮다'는 생각을 갖고 있을 뿐이고 그러한 긍정적인 마음은 다양한 선택지가 있다고 믿는 일에서 비롯된다.

'나에게 주어진 옵션이 단 하나뿐이다'라고 생각하면 누구든 조급해지고 다른 기회를 넘볼 엄두를 내지 못하게 되는 반면, 어떤 일이든 거침없이 시도해 성공으로 이끄는 듯 보이는 사람들의 비밀은 한 가지 일에 실패하더라도 다른 일에 또 도전하면 된다는 여유로움을 갖고 있는 것이다. 두려움이 없는 것이 아니라 실패를 감수하고서라도 더 많은 도전을 하다 보니 성공 확률이 높아지는 것인데 그것은 보다 넓은 시야를 갖고 있어야 가능해진다.

외국어의 힘은 바로 그런 것이다. 불가능해 보이는 일도 실은 가능하다는 것, 만약 실패하더라도 다른 옵션이 얼마든지 있다는 것, 당장 눈앞에 있는 것만이 나의 무대가 아니라는 것을 알게 되어 용기 낼 수 있게 해주는 것, 수족관에 갇혀 있다 바다로 나간 물고기 '니모'처럼 미처 상상하지 못했던 기회와 신나는 모험들이 가득한 세상에서 새로운 희망과 가능성을 발견하고 두려움을 마주할 수 있게 해주는 것 말이다. 한마디로 '외국어의 힘'은 삶에 있어 한 단계 도약이 필요할 때, 스스로의 노력만으로 찾아낼 수 있는 미래를 향한 출구이자 한 줄기 빛인 것이다.

여러 외국어를 자유자재로 구사하는 할머니가 되는 꿈

나에게는 이토록 놀라운 '외국어의 힘'을 체험하고 살면서 남몰래 키워 온 꿈이 하나 있다. 바로 '여러 외국어를 자유자재로 구사할 줄 아는 할머니가 되는 것'이다. 나이가 들수록, 과연 어떻게 사는 것이 잘 사는 것인가에 대한 고민과 함께 쏜살같이 흘러가는 세월 속에서 주변 사람들과 다음 세대를 위해 할 수 있는 일은 무엇인가에 대해 더 많이 생각하게 되는데, 내가 아는 한 다소 불리한 현실적 한계를 극복하고 새로운 가능성을 품게 해주는 인생 최고의 무기는 '외국어'이기 때문이다.

대한민국의 작은 소도시에서 평범한 교육을 받고 자란 내가 한국은 물론 세계를 누비며 하고 싶은 일들을 하나씩 실현하고, 국적 불문, 나이 불문의 친구들을 수없이 사귀고, 차고도 넘치는 경험을 할 수 있었던 것은 오로지 '외국어의 힘'이기에 그것이 필요한 이들에게 최대한 많은 비법과 가능성을 나누어주며 나이 들고 싶다. 여유로운 환경에서 자라지 못하거나 소외된 지역에 사는 아이들에게 각자가 배우고 싶은 외국어를 다 가르쳐줄 수 있는 할머니가 되는 것이 나의 꿈이고 그 꿈을 이루기 위해 나는 여전히 호시탐탐 새로운 언어를 배울 기회를 노린다.

단 한 번만 세계 지도를 펼쳐 놓고 유심히 들여다보면 쉽게 알 수 있는 사실은, 세상이 얼마나 넓은가 하는 것이다. 언어의 장벽을 부수는 순간 당신은 그 넓은 세상으로 항해를 시작할 수 있는 배의 선장이 되는 것이다. 이루지 못한다 해도 꿈을 꾸는 일은 그 자체로 의미가 있고, 모든 도전은 고귀한 가치를 지닌다. 작은 항구의 부둣가에서 멀리 오가는 배만 바라볼 것인지, 직접 내 배를 몰고 나가 미지의 세계를 탐험할 것인지는 당신에게 달렸다.

이 책은 선장이 되어 바다로 나가고 싶지만 방법을 모르거나 용기를 내지 못하고 있는 모든 이들을 위한 나의 진심 어린 응원이자 '외국어라는 희망과 가능성을 나누어주는 할머니'가 되는 꿈을 향해 가는 발걸음이다. 30년 가까이 외국어에 대한 뜨거운 사랑을 품고 살아오며 터득한 노하우를 아낌없이 담은 이 책을 통해 부디 그동안 잠자고 있던 당신 안의 무한 잠재력을 깨울 수 있길, 그리하여 미지의 세계로 거침없이 노를 저어 나아가 신나는 경험을 하며 당신만의 인생 무대를 확장하고 우주를 넓혀갈 수 있길 바란다.

목차

100일 법칙 1단계 – 기초 쌓기

100일 법칙 2단계 – 실력 키우기

PART 05 100일 법칙 3단계 - 독립 연습

PART 06 앞으로 펼쳐질 신나는 모험을 즐기려면

인생의 행복을
최대화하는 방법

누군가가 보다 나은 삶을 위해 무엇을 해야 하느냐고 물으면
주저 없이 새로운 언어를 배우라고 한다.
내 인생에서 가장 잘한 선택은
외국어 공부에 힘을 기울인 것이라고 자신 있게 말할 수 있다.

01

인생에서
언어 장벽을 부수면 생기는 일

'외국어 공부를 왜 해야 할까?'라는 질문에 중국 알리바바의 창업자 마윈은 이렇게 답했다.

"언어는 문화입니다. 사람들은 언어를 배우면서 그 나라에 대한 문화를 이해하기 시작합니다. 상대의 문화를 인정하고 존중하면, 그들 또한 우리를 인정하고 존중하게 됩니다. 그제야 일을 함께할 수 있는 것입니다. 저는 어릴 때 유학을 한 번도 한 적이 없지만, 해외에서 유학한 사람보다 서양 문화를 더 잘 이해한다고 생각합니다. 저는 언어를 통해 문화를 배웠습니다."

가난한 교사 출신인 그는 중국 최고의 부호이자 세계 젊은이들의 멘토가 되었다. 그 배경이 무엇일까 늘 궁금했었다. 그러다 이 인터뷰를 보고 고개를 끄덕이게 되었다. 그는 남다른 통찰력과 타 문화에 대한 존중을 바탕으로 모든 경험으로부터 배우고 성장할 수 있는 힘을 얻었는데, 그것은 바로 외국어 사용 능력으로부터 비롯되었던 것이다.

중국 밖으로는 나가 보지 않았지만, 언어의 힘을 빌려 세상의 흐름을 읽고, 상대를 꿰뚫어 자기편으로 만들면서 주도권을 잡은 것이 바로 마윈의 성공비결이다. 그의 말대로 언어는 많은 일의 판도를 바꿀 수 있다. 누군가와의 관계나 비즈니스의 성공 여부뿐만이 아니다. 외국어를 배우면 한 사람의 인생은 완전히 달라진다. 새로운 언어를 하나둘 알아갈 때마다 그 사람의 우주는 넓어지고 그에 따라오는 수많은 장점들은 일일이 다 언급하기조차 힘들다.

나는 종종 친구들에게 '외국어를 배우지 않은 인생은 상상도 하기 싫다'고 이야기한다. 언어를 통해 얼마나 삶이 풍요로워질 수 있는지 잘 알고 있기 때문이다. 따라서 누군가가 보다 나은 삶을 위해 무엇을 해야 하느냐고 물으면 주저 없이 새로운 언어를 배우라고 한다. 내 인생에서 가장 잘한 선택은 외국어 공부에 힘을 기울인 것이라고 자신 있게 말할 수 있다. 도대체 언어를 배워서 무엇을 얻을 수 있고, 우리 삶이 어떻게 나아질 수 있느냐고? 이에 대해서는 책 한 권을 따로 써도 부족할 지경이지만 최대한 간략하게 정리해보려 한다.

1. '나'에 대한 한층 깊은 이해

가장 먼저 자기 자신을 더 잘 알게 된다는 점을 꼽고 싶다. 마윈이 말한 것처럼, 외국어 공부를 하면 자연스럽게 그 언어를 사용하는 나라들의 문화를 배우게 되는데 이것은 뜻밖의 선물 하나를 우리 인생에 더 안겨 준다. 바로 자국의 언어와 문화를 잘 이해하게 되는 것이다. 낯선 문화에 눈을 뜨게 되면 그것이 일종의 거울 작용을 하여 자신을 돌아보고 몰랐던 것들을 깨닫게 하는 효과가 있다.

인생을 살아가며 '자기 자신을 제대로 아는 것'만큼 중요한 일이 있을까? 대학 입시에 초점을 맞추는 현대 사회의 교육을 통해서는 자신에 대한 탐구와 발견을 할 기회가 많지 않아 '자기 지식'을 쌓는 일이 쉽지 않다. 그런데 이러한 문제가 외국어를 배움으로써 상당 부분 해소될 수 있다.

외국어 학습은 '또 하나의 사고 체계'를 익히는 일이다. 외국어를 배우면 내게 익숙한 것과는 판이하게 다른 '새로운 사고의 방식'을 알게 되고 세상을 보는 관점에 변화가 생긴다. 같은 모국어 사용자들 간에 공유하는 보편적 가치라는 것이 있는데, 그와 충돌하는 문화를 접하면서 기존의 사고 체계가 흔들리고 그 결과로 자기 자신에 대해서도 새로운 발견을 하게 되는 것이다. 이것은 그 어떤 대가를 지불하고서도 손에 넣을 수 없는, 언어 공부를 통해 얻게 되는 크나큰 선물이다.

2. 다양한 능력의 향상

외국어를 배우다 보면 자연스럽게 커지는 능력들이 있다. 분석력, 창의력, 소통 능력, 이해력과 기억력 등인데, 외국어 공부의 특성상 어찌 보면 당연한 결과라고 할 수 있다. 새로운 어휘와 표현을 암기하고, 다른 문화권 사람들의 사고방식을 이해, 수용해서 그들과 소통하기 위해 노력하다 보면 이런 능력들이 길러질 수밖에 없기 때문이다.

우리의 뇌는 쓰면 쓸수록 더 발달하고 능력도 배가 된다. 그러니 외국어를 배우지 않는 사람들은 아깝게 썩혀 둘 기능을 풀가동시켜 내면에 잠자고 있는 수많은 능력을 깨우는 결과를 가져오는 것이다. 상대의 말을 이해하고, 그의 입장에서 생각하고, 의외의 상황에서 재치 있게 응대하고 훨씬 더 많은 것을 기억하고 사용할 수 있는 힘, 이 모든 것이 외국어 공부를 통해 우리 안에서 재발견되거나 새롭게 장착될 수 있는 능력들인 것이다.

3. 보다 성숙하고 너그러운 인간으로 성장하게 된다.

새로운 언어를 배운다는 것은 단순히 말하기 기술을 습득하거나 단어를 외우는 일을 의미하지 않는다. 언어 구사 능력과 더불어 그 언어의 배경을 이해하는 것을 뜻하며 궁극적으로는 역사적 관점과 식견이 높아져 통찰력도 커지게 된다.

더 나아가 세상을 좀 더 입체적으로 바라볼 수 있게 되고 같은 사건이나 현상을 놓고도 다른 해석이 가능해진다. 자기도 모르게 갇혀 있던 작은 우물의 창살을 뜯어내고 한계 없는 사고를 할 수 있게 된다는 이야기이다. 이것은 타인에 대한 이해와 수용, 즉 '나와 다름'에 대한 포용과 배려까지도 가능하게 해준다. 한마디로 외국어 공부는 성숙하고 대범하며 너그러운 인간으로 성장하는 밑거름이 될 수 있다.

외국어를 배우는 일은 남다른 인내심과 무던한 노력이 수반되어야 가능하다. 한 번에 납득이 가지 않아도 계속 이해하려 애써야 하고, 같은 단어와 문법을 수없이 다시 외워야 한다. 또 실수를 거듭하더라도 다시 시도해야 하고, 답답함을 참아내면서 때때로 굴욕적인 상황도 이겨내야 한다. 무엇보다 아주 성실한 태도로 시간과 노력을 꾸준히 투자해야 하기 때문에 결코 쉬운 일이 아니다.

이토록 험난한 여정이다 보니 중도 포기하지 않고 한 걸음씩 앞으로 전진하는 이들에게는 인내심과 융통성 또한 자연스럽게 장착된다. 이것은 외국어 공부 외의 다른 업무 수행에도 상당히 도움이 되어 웬만한 일은 거뜬히 해낼 수 있게 되고, 어려운 순간이 닥쳐도 비교적 담담할 수 있을 뿐만 아니라 임기응변에도 강해지고 눈치도 빨라진다.

4. 문제 해결 능력과 자신감 장착

외국어 공부를 하면 할수록 문제 해결 능력도 키울 수 있게 된다. 모국어에는 없는 단어나 예측 불허의 상황, 기존의 가치 기준으로는 납득이 되지 않는 수많은 상황에 숨겨진 의미를 파악하는 것은 마치 대형 사고를 당해 원래의 형체가 없어진 자동차를 완전히 다른 형태로 재조립하는 일과 비슷해서 어떤 문제가 닥쳤을 때 그것을 수습하는 능력이 길러진다. 그 과정에서 비단 언어나 문화 충돌에 관한 일뿐만 아니라, 살면서 부딪히게 되는 수많은 문제들을 해결하는 힘도 얻게 되는 것이다.

새로운 언어의 세상 속에 던져진다는 것은 사실 몹시도 두려운 일이다. 수영을 못하는 사람이 바다 한가운데 내던져지는 것에 비유할 수 있을까? 쉽사리 비교의 대상을 찾기 힘든 도전인 것만은 논란의 여지가 없다.

하지만 전에는 몰랐던 언어로 낯선 이들과 소통이 가능해지는 경험을 하면 우리 내면에서는 엄청난 변화가 일어난다. 나는 외국어를 배우고 나서 내성적인 사람이 외향적인 성격으로 변하는 것을 수없이 봤다. 두려움에 맞서는 일을 통해 담력이 커지고 용감해지는 덕분이다. 전혀 알아들을 수 없던 언어를 배워 의사 전달을 하고 상대가 그것을 이해하게 되면 훨씬 더 큰 세상에 받아들여지는 것과 같은, 심리적으로 긍정적인 효과가 일어난다.

거부가 아닌 수용, 단절이 아닌 소통, 이것은 실로 인간이 경험할 수 있는 가장 큰 만족감을 선사해주는 일이며 결국 자신감으로 이어진다. 외국어 정복을 통해 얻은 자신감은 삶의 다양한 순간 큰 힘을 발휘하게 된다.

5. 일의 기회와 무대의 확장 효과

어디 그뿐인가. 좀 더 실리적으로 득이 되는 일들도 많다. 외국어 공부는 일의 기회를 증폭시켜 주고 만약 언어 외에 다른 전문기술이 있는 경우에는 그 둘의 시너지가 날 수도 있다. 한 예로 내가 아는 의사의 도전은 매우 흥미롭다.

그는 의대를 다니는 동안 세계 곳곳의 소외된 이들에게 의술을 이용해 도움을 주고 싶다는 꿈을 갖게 되어 뒤늦게 영어, 스페인어, 프랑스어 등을 배웠다. 그 결과 지금은 해외 의료 봉사와 국내 거주 외국인들을 돌보는 일에 있어 독보적인 입지를 굳히게 되었다. 또한 그는 한국의 의료 시스템을 해외에 수출하는 국가적 프로젝트들의 선두에 서 있다.

나와 같은 대학 스페인어 학과 동기생 한 명은 대기업에서 직장생활을 하다 불혹의 나이에 로스쿨에 진학해 변호사가 되었는데, 학창 시절 교환학생 경험 등으로 다져 둔 스페인어 실력 덕을 톡톡히 보고 있다. 스페인어를 구사하는 한국인 변호사가 드물다 보니 늦깎이 도전이었지만 국내에서 손가락 안에 꼽히는 '서반아어권 전문 변호사'로 자기만의 확실한 영역을 구축하는 데 성공한 것이다.

원리는 간단하다. 외국어 능력이 더해지면 일의 무대가 세계로 확장되어 자연스럽게 경쟁이 줄게 되고 성공 확률도 높아지는 것이다.

6. 더욱 풍요로워지는 인생 경험

이 밖에도 언어를 알면 다양한 문화를 향유할 기회가 많아지고 세계 어디에 가서도 살 수 있는 자유가 생기며, 국적이나 문화적 배경을 불문하고 친구를 사귈 수도 있게 된다. 언어를 몰랐을 때는 그저 소음으로 들리던 음악이나 영화가 큰 감동으로 다가온다거나 세계적인 걸작의 원서를 읽을 수 있는 기쁨, 세상 어디에 발을 디뎌도 인생의 스승을 발견할 수 있는 엄청난 기회들을 얻을 수 있다. 한마디로 우리의 삶은 몇 배 더 풍요롭고 즐거워진다. 구사할 수 있는 언어가 하나 늘어날 때마다 '흥미진진한 만남과 발견'이 마구 쏟아져 나오는 보물상자를 품에 안는 마법 같은 경험이 가능해진다.

7. 뇌의 노화 방지

여기에 한 가지 보너스가 더 있다. 언어 공부를 지속하면 두뇌 활동이 활발해져서 뇌의 노화 속도를 늦추고 훨씬 더 젊게 사는 것이 가능해진다.

우리는 보통 나이가 들면 뇌 기능이 저하된다고 알고 있다. 그런데 과학자들의 연구 결과에 따르면, 나이의 직접적인 영향을 받아 뇌 기능이 떨어지는 것은 아니라고 한다. 다만, 성인이 되면 새로운 것을 습득할 기회보다 일하는 시간이 늘어 자연스럽게 뇌 활동이 줄어드는 것 뿐이다. 다시 말해 무언가를 배워서 뇌 운동을 지속시킬 수만 있다면 자연스레 노화를 늦출 수 있다는 것이다. 그리고 뇌 운동을 촉진하는 가장 효과적인 방법 중의 하나가 바로 외국어를 배우고 구사하는 것이다. 따라서 외국어 공부는 청춘을 간직하고 살 수 있는 최고의 비법이라고 할 수 있겠다.

이러니 어떻게 외국어를 배우는 삶과 그렇지 않은 삶이 같다고 할 수 있으랴. 외국어를 배워 얻게 되는 인생의 선물은 무궁무진하다. 당신의 삶도 이렇게 달라지는 것을 상상해보라. 벌써부터 신나지 않는가? 대단한 것을 이루지 못한다 해도 도전해보고 싶은 마음이 불끈 솟지 않는가? 그것으로 충분하다. 의지가 있다면 좋은 학습법은 배우면 된다. 중요한 것은 생각만 하지 않고 실천하는 것이다. 더 이상 미룰 핑계를 찾지 말고 지금 바로 행동으로 옮기자. 그것이 성공의 열쇠이다.

02

나이는
걸림돌이 되지 않는다

외국어 공부를 시작하려는 분들에게서 가장 많이 듣는 질문 중 하나는 '이 나이에도 가능할까요?'라는 것이다. 내 주변에도 '배우고는 싶지만 나이가 너무 많아서', '어릴 때 했어야 하는데 타이밍을 놓쳐서', '이제는 나이 때문에 머리가 굳어버려 안 될 것 같아'라는 변명 아닌 변명을 하시는 분들이 많다. 가끔은 이런 소극적인 자세를 넘어 '스무 살이 넘어서는 외국어를 배우는 것이 불가능하다'라고 확신에 찬 주장을 하는 이들도 있다. 그런데 나는 생각이 다르다.

내가 5개 국어를 구사한다고 하면 유년 시절을 외국에서 보냈거나 조기유학을 갔다 왔을 거라고 생각하는 사람들이 많은데 전혀 사실이 아니다. 영어 알파벳은 중학교에 가서 처음 배웠고, 스페인어는 대학 때 배웠다. 프랑스어는 서른 중반이 넘어서야 제대로 공부했고, 심지어 이탈리아어는 40대에 들어선 후 시작했으니 그런 추측은 완전히 빗나간 것이라고 할 수 있겠다. 바로 이러한 찐 경험을 토대로, 또 함께 언어 공부를 한 친구들과 세상을 돌며 만난 수많은 이들의 예를 근거로, 외국어를 공부하는 데에 나이는 걸림돌이 되지 않는다고 자신 있게 말할 수 있다.

이 같은 의견을 갖고 있는 것은 나뿐만이 아니다. 세계 각국의 언어학자들과 뇌과학자들은 끊임없이 언어 습득과 나이의 상관관계에 대해 연구해왔고, 그중에는 우리 예상을 완전히 뒤엎는 결과를 도출해낸 이들이 많다. 그 이론들을 이곳에 일일이 열거할 수는 없지만 많은 연구 결과에서 공통적으로 담고 있는 내용을 알아보자.

새로운 언어를 습득, 구사하게 되기까지는 나이뿐만 아니라, 상당히 많은 요소들의 영향을 받는다. 예를 들면 타고난 능력 즉 유전적 요인도 있을 것이고, 나이를 먹을수록 모국어의 틀에 갇히기 때문에 모국어도 어느 정도는 영향을 준다고 봐야 할 것이다. 또 성장 환경, 얼마나 강력한 동기 부여가 되어 있는가, 올바른 학습법을 택했는가 등도 영향이 있다. 나이는 이러한 여러 요소 중의 하나일 뿐 새로운 언어를 배울 수 있느냐 아니냐 하는 문제를 결정하는 유일한 혹은 절대적 기준이 아니라는 사실을 기억해두자.

아무리 그렇다 해도 여전히 궁금한 것이 있을 것이다. 언어학습에 나이가 걸림돌이 되지 않는다고 하지만 언어를 배우기에 최적기라는 것이 있지 않을까?

이 질문에 있어서도 우리의 예상을 완전히 거스르는 학자들의 연구 결과가 있다. '기억력 기네스 기록'을 보유한 세계 기억력 챔피언이자 뇌과학자 보리스 콘라트Boris Konrad 박사에 따르면 외국어를 배우기 위해 필요한 기억력의 경우 나이가 들수록 더 발달해 40~50대에 최상에 이르고 60대 이후에도 상당수의 사람들은 그 능력을 지니고 살아간다고 한다. 이건 정말이지 희망적인 얘기 아닌가!

타고난 능력과 나이보다 중요한 것

다양하고 방대한 연구 결과와 통계 자료들이 있지만, 그중에서도 미국 MIT대학에서 페이스북 빅데이터를 바탕으로 분석한 내용이 흥미롭다. 결론부터 말하면 '나이는 언어 공부에 영향을 미치지만 결정적인 타이밍이라는 것은 없다'는 것이다. 이게 과연 무슨 얘기일까? 표면적인 결과만 놓고 봤을 때는 대략 18세 이후부터 언어 습득 능력이 떨어지는 것처럼 보이지만 그 안을 자세히 파고들 필요가 있다. 왜냐하면 그 이유가 실제 두뇌 기능이 떨어지거나 뇌에 어떤 변화가 생기기 때문이 아니라는 반전이 있어서다.

나라마다 차이는 있지만 일반적으로 18세는 고등교육을 마무리하는 시점이다. 대학에 입학하는 사람들도 있지만, 취업을 해서 대부분의 시간을 직장에서 보내거나 결혼을 해서 가사나 육아 등 새로운 생활을 시작하는 경우가 적지 않다. 이렇게 18세 이후에는 많은 이들이 인생의 다음 단계에 진입하게 되어 언어 공부에 쏟을 수 있는 시간 자체가 현저하게 줄어들거나 일상생활 속 환경이 언어 공부를 위해 적합하지 않은 상태로 바뀌는 것이 진짜 원인이라는 것이다.

전문가들의 분석에 따르면 언어 공부를 할 때 타고난 능력이나 나이와는 비교도 안 될 만큼 중요한 요소가 바로 '투자 시간'이라고 한다. 어린아이들이 모국어를 배우는데 걸리는 시간을 생각해보면 쉽게 이해가 된다. 우리 또한 기억을 못할 뿐이지 단어 하나를 배우는 데에도 엄청난 시간이 걸렸을 것이다. 더구나 무한 애정과 참을성을 가진 '엄마'라는 최고의 선생님이 온갖 표정과 몸짓을 동반해 수백 혹은 수천 번씩 같은 단어를 반복해 말해주고, 실수를 바로잡아 주는 과정이 있었다. 잘 생각해보면 성인이 되어서는 그에 비해 턱없이 적은 시간 동안 책상 앞에 앉아 활자를 통해 공부하는 게 다인데, 우리는 섣불리 아이들의 외국어 습득 능력이 훨씬 뛰어나다고 단정 지어 버리곤 하는 것이다. 비단 이 연구 결과뿐만 아니라 언어 학습에 대한 분석을 해온 여러 전문가들의 의견을 종합해 아이와 성인의 '언어 습득 능력 및 조건'을 비교해 보면 오히려 어른들이 유리하다는 것을 알 수 있는데 그 내용은 다음과 같다.

아이	성인
모든 소리에 귀가 열려 있어 발음에 유리하다.	이미 습득한 언어에 대한 전반적 이해와 지식이 있다.
실수를 두려워하지 않는다.	소통과 대화 능력이 있다.
새로운 정보를 쉽게 흡수한다.	새로운 단어에 대한 다각적인 개념 인지가 가능하다.
시간 투자에 유리하다.	아이보다 평균 5배 이상의 집중력이 있다.
아무런 생각이나 걱정 없이 새로운 언어를 접한다.	동기나 목표가 분명하다.
	이미 습득한 언어 외적 지식이 있다.
	비언어적 소통에 익숙하다.

눈치챘겠지만 아이와 성인 사이에 존재하는 가장 큰 차이는 절대적인 시간을 얼마나 투자할 수 있느냐, 그리고 얼마나 두려움 없이 새로운 언어를 접하느냐에 불과하다.

이와 상당히 비슷한 주장을 했던 학자가 있다. 독일의 언어학자이자 신경학자인 에릭 레너버그Eric Lenneberg는 언어학 중에서도 언어 습득 분야의 선구자적인 인물로 꼽힌다. 그는 언어 습득과 인지심리학에 관한 연구에서 뛰어난 업적들을 남겼는데, 그중에서도 인간이 언어를 배우는 데 있어 천부적인 능력이 얼마나 영향을 미치는지에 대한 연구로 유명하다.

그에 따르면 아이들이 성인보다 신경 근육의 구조상 정확한 발음과 억양을 구사하는 능력이 뛰어나지만, 이 역시 여러 가지 다른 요소의 영향을 받은 결과라는 것이다. 아이는 어른과 달리 이미 갖고 있는 자기 생각, 고정관념, 편견 등이 없어서 어떤 정보나 음성이든 여과 없이 탄력적으로 받아들인다는 점, 그리고 어른보다 즉흥적이고 실수를 하는데 대한 두려움이 없다는 점 등이다.

다시 말해, '성인이 외국어를 배울 때 완벽한 발음을 구사할 수 있느냐'라고 하면 '어렵다'가 답일 수 있다. 하지만 '그 이유가 무엇인가?'라고 묻는다면 나이가 아니라 고정관념과 편견, 두려움이 더 큰 원인이라고 볼 수 있다는 것이다. 결론적으로 '발음을 제대로 익히는 게 아이들보다 불리하고, 그것은 다 나이 때문이니 나는 가망이 없다'라고 하는 것은 과학적 근거들과는 거리가 먼 불평에 불과한 것이다.

그렇다면 '정확한 발음'이 과연 언어 구사 능력에 있어서 얼마나 큰 비중을 차지할까? 모국어의 억양이 섞여 있다고 해서 외국어를 잘 구사하지 못한다고 할 수 있을까? 물론 발음까지 훌륭하면 좋겠지만 발음이 완벽해야만 뛰어난 언어 구사자라고 할 수는 없다고 본다. 언어를 구사한다는 것은 단지 정확한 발음의 단어를 나열하는 것을 의미하지 않을 뿐만 아니라, 독특한 억양이나 발음은 때로 전략이 될 수 있고 심지어 매력 포인트가 될 수도 있다.

감정이 말랑말랑한 상태가 될 수 있는 환경을 조성하라

한 가지, 우리가 성인이 되어 언어 공부를 하는데 걸림돌이 되는 것이 있기는 하다. 그건 바로 익숙해져 버린 '잘못된 학습법'이다. 어린아이가 언어를 배울 때 큰 장점으로 작용하는 요인 중 하나가 상대와의 교감이다. 감정을 통제하거나 조절하는 법을 모르는 아이들은 외국어를 배울 때 자기도 모르게 모든 감정을 동원하는데 감정은 기억력과 깊은 관련이 있다.

성인은 이와 정반대의 조건에서 공부를 하는 것이 일반적이다. 학교에서 책으로 외국어를 배우면서, 자신도 모르게 감정보다는 이성을 관장하는 뇌를 사용하는 훈련을 한다. 그렇기 때문에 점차 감정을 배제한 상태에서 언어 학습을 하게 되어 더 강력한 기억력을 활용할 수 있는 기회를 잃는 것이다.

여기서 얻을 수 있는 힌트는 어른이라도 감정이 말랑말랑한 상태가 될 수 있는 환경을 조성해서 학습을 하면 훨씬 효과적이고 빠르게 외국어 실력을 늘릴 수 있다는 것이다. 연애를 하면서 외국어를 배우거나, 친구들과 어울리면서 혹은 술자리에서 영어로 말을 하면 왠지 술술 풀리는 듯한 기분이 드는 것을 같은 맥락에서 생각해 볼 수 있다.

결론적으로 실수를 두려워하지 않도록 노력하면서, 환경을 잘 조성하고, 효과적인 학습법을 선택해 적절한 시간을 투자할 수 있다면 성인도 얼마든지 언어 배우는 기쁨을 만끽할 수 있다는 사실! 이제 더 이상은 나이 때문에 외국어를 배우는 게 불가능하다는 핑계는 대지 않기로 하자.

그리고 꼭 기억해야 할 것이 있다. 우리는 어디까지나 다른 나라 사람들과의 원활한 소통을 위해 언어라는 도구가 필요해 외국어를 배우려는 것뿐이다. 연장이란 사용하려는 목적에 맞게 잘 듣기만 하면 되는 법, 겉모습까지 완벽하게 보기 좋을 필요는 없다. 원어민처럼 언어를 구사하는 게 어렵기도 하지만 그럴 필요도 없고, 그것이 목표가 아닌 것이다.

말이 느리고 발음이 어색하다 해도 부끄러워할 이유가 전혀 없으며 그런 점은 연륜에서 얻어진 지혜로움과 지식, 위트와 여유로움으로 얼마든지 채울 수 있다.

그러니 오늘부터 해야 할 일은 편견이나 고정관념에서 벗어나는 일, 그리고 좀 더 뻔뻔스러워지는 연습이다. 망설임과 주저함 따위는 몽땅 던져 버리고 당당하고 즐겁게 새로운 언어를 대하자! 그것이 바로 성인이 되어서도 성공적으로 외국어를 배우기 위한 첫걸음이다.

03

외국어는
최고의 자산이자 무기

　인생은 무수한 선택의 기로에 서는 일이라는 사실을 나이가 들수록 절감한다. 걸어온 길을 되짚어 보면 별것 아닌 듯 보였던 선택들로 인해 얼마나 큰 차이가 만들어졌는지에 깜짝 놀라게 되는 때가 있다. 그중에는 시간을 되돌리고 싶을 정도로 후회되는 것도 있고 참으로 다행스러운 것들도 있다.

　많은 선택들 중에서 내가 가장 잘한 것을 하나 꼽으라면 아마도 언어 공부에 열정을 쏟은 일이 아닐까 싶다. 백번을 돌이켜 과거로 돌아간다 해도 분명 같은 선택을 할 것이라는데, 아니 오히려 더 많은 시간과 노력을 들일 것이라는데 추호도 의심의 여지가 없다. 그런데 엄밀히 따지면 외국어를 통해 한층 풍요로워진 나의 삶은 온전히 내 선택의 결과라기보다 부모님이 물려주신 '위대한 유산'이라 해야 할 것이다.

우리 아버지는 역사학자셨는데 한국사 중에서도 고려사를 연구하셨던 영향으로 상당히 진보적이고 진취적인 생각을 갖고 계셨다. 같은 세대의 여느 한국 아버지들과는 달리 권위주의적인 면모가 눈곱만치도 없던 자상하고 친구 같은 아버지였고, 지혜로움과 유머감각이 남다른 이야기꾼이셨다. 우리 집에서는 남녀가 완전히 평등했고, 어른이라고 해서 아이들을 함부로 나무라는 일도 없었을 뿐더러 늘 부모님이 우리를 존중한다고 느낄 수 있었다.

특히 내게는 여자들에게 다소 불리한 세상에서 우뚝 서려면 오히려 더 씩씩하게 세상을 향해 걸어 나가야 하고 독립적으로 살 수 있도록 힘을 길러야 한다고 강조하셨다. 나는 그런 아버지의 영향을 많이 받았는데, 어릴 적부터 아버지께서 누누이 하시던 말씀이 또 하나 있다. 젊은 시절에, 돈이 없으면 빚을 져서라도 외국어를 배우고 세상을 돌아다녀 보아야 한다는 것이었다.

지방의 작은 사립 대학 교수이셨던 아버지는 유난스런 사교육을 매우 탐탁지 않게 여기셨다. 또 그 어떤 일도 단지 부모라는 이유로 자식에게 강요해서는 안 된다는 철학을 갖고 계셨다. 그래서 난 중학교에 들어가서야 처음으로 알파벳을 배웠고 평범한 학창 시절을 보냈다. 그러던 어느 날 내 인생에 중요한 사건이 생겼다.

고등학교 1학년 1학기를 마쳤을 때 아버지께서 미국에 있는 대학으로 건너가 1년간 교환 교수 생활을 하게 되신 것이다. 당시 부모님의 친구들, 이웃들, 무엇보다 내 담임 선생님은 말 그대로 미국행을 결사 반대하셨다. 아예 이민을 가는 거라면 몰라도, 애매한 기간 동안 해외를 나가면 대학 입학시험을 치르는데 어려움을 겪을 것이라는 이유에서였다.

아버지는 내 의견을 물으셨다.

"지금 미국에 갔다가 다시 한국에 돌아와 대학 입시를 준비하려면 힘들 수 있다. 이겨낼 자신이 있니?"

어린 나의 답은 뻔한 거였다. 나중 일은 어찌 되었든 일단 지옥 같은 한국의 입시전쟁에서 탈출하고 싶었고 미국이란 나라에 대한 동경심도 있었다. 아버지는 결국 주변 사람들의 걱정과 만류를 뒤로한 채 온 가족을 데리고 미국으로 가셨다. 우리 부모님은 평소 공부하라는 잔소리는 한마디도 하지 않으셨지만 결정적인 순간에는 정말 과감한 선택을 하시곤 했다.

마음속에 울리던 목소리를 따라서

환상에 젖어 미국에 따라갔지만 백인 학생들과의 학교 생활은 생각처럼 즐겁기만 한 것이 아니었다. 지금이야 한국이 핫ʰᵒᵀ한 나라가 되었지만 그땐 한국이 도대체 어디에 있는 나라인지 모르고 관심도 없는 아이들이 태반이었다. 심지어 일본인이냐고 물으며 다가왔다가 한국인이라 하면 뒤도 안 돌아보고 그냥 가버리는 아이들이 많아서 나는 허구한 날 마음에 상처를 받고 집에 돌아왔다.

그렇지 않아도 말을 제대로 못하니 힘들어 죽겠는데 그런 일까지 있으니 서러움이 밀려드는 날들이 이어졌다. 더구나 당시 나는 한국 나이로 17살, 한창 예민한 사춘기였다. 이 세상에 대한민국 그리고 한국인밖에 없는 것처럼 살다가 존재감이 상실되고 자존감이 바닥에 떨어져 괴로울 때가 많았는데 그 모든 일들은 내게 자극이 되었다. 그러던 어느 날 집으로 돌아가는 스쿨버스를 기다리는데 이런 생각이 머릿속을 스쳤다.

"세상은 내가 알고 있던 것보다 훨씬 넓다. 내가 태어난 곳에서 보고 느낀 게 다가 아니다. 이 한계를 넘으려면 언어의 벽을 깨야만 한다. 어떻게든 영어를 정복하고 말 테다."

그날부터 나는 최선의 방법이 무엇일지 고민했다. 미국의 고등학교에 편입해서 보니, 한국의 중학교에서 3년간 영어를 배운 것이 무색하게도 인사말을 제대로 주고받는 것조차 너무나 큰 미션이었다. 매일 문법책만 손에 쥐고 주입식 교육을 받았으니 당연한 결과였다.

공부법을 바꿔야 했다. 커다란 트렁크에 보물단지처럼 실어 간 두툼한 문법책은 보이지 않는 곳으로 치워버렸다. 그런 다음 같은 반 친구들을 관찰했다. 첫 학기이다 보니 외국인 학생으로서 밟아야 하는 의무 과정이었던 ESL$^{English as a Second Language}$ 수업을 들었는데 그 반에는 미국에 와서 체류한 기간이 제 각각인 다양한 국적의 외국인 학생들이 있었다. 관심을 기울여 살펴보니 그중 몇몇의 실상은 충격적이었다.

미국 생활이 수년째에 접어들었는데도 영어 실력이 제자리걸음인 원인이 도대체 뭘까 싶었는데 시간이 흘러도 ESL 수업에서 벗어나지 못하는 아이들 사이에는 공통점이 있었다. 우선 그들에겐 어차피 쭉 미국에 살아야 하니 바짝 달려들어 단기간에 영어를 배워야 한다는 의지가 없었다. 또 같은 국적의 친구들끼리 삼삼오오 몰려다니며 모국어로 이야기했고, 억지로라도 영어를 구사해야 한다거나 영어 때문에 자존심이 상할 만한 상황은 모두 회피하고 있었다.

누구든지 높아 보이는 허들을 향해 달릴 때는 두려운 마음이

들지만, 제자리에서 뱅뱅 돌기만 하면 절대 앞으로 나아갈 수 없다. 허들을 넘어뜨리며 고꾸라진다 해도 용기를 내야만 하는 것이다. 만약 실패하면 다시 출발선으로 돌아가 달리겠다는 각오로 부딪혀 보아야 한다. 그런데 그 친구들은 달리는 것 자체를 거부하고 어정쩡하게 멈춰 서 있는 육상 선수들 같았다.

큰 깨달음을 얻은 나는 다음 학기 수강신청이 한창이던 시기 학교 서무과에 찾아갔다. 외국인을 위한 수업이 아닌 현지 학생들의 영어 수업을 듣기 위해서였다. 미국에 있는 동안 영어를 조금이라도 더 배우려면 남보다 더 힘든 길을 택해야겠다고 결심했던 것이다.

'도전이 없으면 발전도 없다! 깨지고 다치더라도 몸을 던져야 한다!'

당시 내 마음속에 울리던 목소리였다. 학교 정책상 어렵다는 답이 돌아왔지만 나는 포기하지 않았다. 어디에서 나온 당돌함인지 알 수 없으나 그 길로 담당 선생님을 찾아가 물귀신 작전에 가깝게 졸라댔다. 처음엔 절대 안 된다고 하시던 선생님은 결국 몇 가지 조건을 걸고 허락하셨다.

첫째, 외국인을 위한 것이 아닌 미국 학생들이 작문을 배우는 수업이기 때문에 문법적 오류 등에 대한 피드백을 해줄 수 없다.

그러니 무슨 수를 써서라도 기본적인 실수가 없는 과제물을 제출할 것.

둘째, 외국인이라고 해서 예외일 수 없으니 학점을 줄 때 특별히 배려하지 않는다는 방침에 동의할 것.

셋째, 한 번 신청하면 번복할 수 없으니 힘들다는 이유로 중간에 그만둘 수 없음을 명심할 것.

나는 잠시도 고민하지 않고 선생님의 제안을 받아들였고 그수업을 들을 수 있는 기회를 얻어냈다. 고생할 것이 뻔했지만 그보다는 그 수업을 통해 성장할 수 있다는 기대가 더 컸기 때문이다. 진심에서 우러나오는 열정은 사람을 반쯤 미치게 만드는데 외국어를 배울 때는 그런 열정이 큰 도움이 된다. 당시의 나는 그야말로 영어 배우기에 미쳐 있었고 결과가 어떨지, 혹시 그반에 들어가 망신을 당하게 되진 않을지 등은 안중에도 없었다.

그 후로 한 학기 동안 정말 악착같이 공부했던 기억이 있다. 체면이고 자존심이고 다 던져 놓고 친구들에게 도움을 청했고 꾸어다 놓은 보릿자루처럼 있을지언정 영어로 말할 기회가 있으면 모조리 찾아다녔다. 있는 힘, 없는 힘을 다해 열심히 생활한 몇 달의 시간은 큰 보람이 되어 돌아왔다.

학기가 마무리될 때 우리 반에서 'A⁺'를 받은 단 4명의 학생

중의 하나가 될 수 있었던 것이다. 선생님은 '교사 생활을 하며 본 학생 중 손에 꼽을 정도로 최선을 다하는 모습이었다. 자랑스럽다'는 메모를 남겨 주셨는데 이건 아직도 소중히 간직하고 있다. 용기를 내어 도전한 결과가 좋으니 그것은 곧 자신감이 되었고 나는 언어 공부에 더욱 재미를 붙이게 되었다.

내 일생 최고의 선택

겨우 학교생활에 적응하는가 싶었는데 1년이라는 시간은 쏜살같이 지나갔고 귀국 날짜가 코앞으로 다가왔다. 아버지께선 또 나를 앞에 앉혀 놓고 물으셨다.

"서울에 돌아가 입시 공부하는 게 두려우면 지금이라도 말하거라. 1년 정도 더 있다 귀국하면 특채를 통해 비교적 수월하게 대학에 들어가는 방법이 있긴 하다. 어떻게든 미국에 남아 공부할 수 있도록 방법을 찾아보겠다. 그러나 한국으로 돌아가도 좋다. 어떻게 하겠니? 네 인생이니 네가 선택하는 게 맞다."

스스로 선택할 기회와 책임을 안겨 주신 아버지의 말씀을 듣고, 며칠 동안 고민한 나는 이런 결정을 내렸다.

"지금 한국으로 돌아가면 고생할 게 뻔하지만, 그래도 그 길을 택할래요. 제 인생 첫 번째 큰 관문인데 여기서 꼼수를 쓰면 평생 어려운 일이 생길 때마다 저는 옆문을 찾아다니게 되지 않을까요?"

그렇게 해서 우리는 온 가족이 함께 귀국길에 올랐다. 한국 고등학교에 다시 돌아와 입시전쟁에 내몰린 시간은 끔찍할 때가 많았지만 이 결정을 후회해 본 적은 한 번도 없다. 아버지께서 왜 여러 위험을 감수하고 고등학생인 나까지 데리고 떠나셨는지 그때는 잘 몰랐는데 이제는 알 것 같다. 외국어 공부를 위해 투자하는 1년은 버리는 것이 아니라 10년을 버는 일이고, 더 큰 세상을 품을 수 있는 사람으로 성장하는 길임을 알고 계셨던 것이다.

교수 집안이라고 하면 사람들은 꽤 안정적인 모습을 상상하지만 개인의 사정에 따라 다르다. 솔직히 우리 집의 경우 넉넉하지 않은 생활이었고 미국에서도 매일같이 새로운 도전이 앞에 있었다. 귀국 후에는 학교 수업을 따라잡으면서 스스로의 선택으로 인한 무거운 책임도 감당해야 했던 게 사실이다. 하지만 지금에 와서 보면 나와 동생은 부모님으로부터 '언어를 통해 삶의 무대를 확장하는 기회와 그에 따른 경험'이라는 최고의 자산을 물려받은 셈이다.

그렇게 언어 공부의 즐거움에 눈을 뜬 나는 대학에 진학할 때 스페인어를 전공으로 선택했는데 그것도 실은 아버지의 조언 덕분이었다. 외국어를 배우고 싶은 것은 확실한데 어떤 언어를 택할지 고민이라는 내게 아버지는 말씀하셨다.

"이제 스무 살이 된 너는 경험이 부족해 어떤 일을 하고 싶은지 소신을 갖기 힘드니 언제든지, 또 몇 번이고 꿈이 바뀔 수 있다. 그런 차원에서 볼 때 외국어 전공은 아주 좋은 생각이다. 어떤 일을 하든 비밀병기처럼 쓰일 수 있으니 말이다.

내가 만약 너라면, 남들이 근시안적인 안목 때문에 선호하지 않는 스페인어를 배워볼 것 같구나. 그런 언어를 선택해야 훗날 많은 기회가 있을 것이고 같은 노력으로도 더 빛나는 활동을 할 수 있거든. 외국어를 배우는 건 네 삶에 날개를 다는 일이다. 더구나 스페인어권 나라들의 풍부한 문화 유산과 낙천적 에너지는 인생에 활력을 더해줄 게다."

지금까지 살아오며 겪은 일들을 볼 때 외국어에 대한 아버지의 선견지명을 따른 것은 의심의 여지없이 내 인생 최고의 선택 중 하나였다. 대학에서 스페인어를 전공한 나는 유럽이라는 또 하나의 신세계를 접하게 되었고 그 후로 지금까지 아버지 말씀처럼 '날개를 단 듯' 세상 곳곳을 누비며 탐구와 발견, 성장을 계속 해올 수 있었다. 일의 기회나 개인적인 행복에 외국어가 미치는 영향은 마치 아버지께서 미래를 훤히 내다보고 예언이라도 하신 것처럼 딱딱 맞아떨어졌다.

어릴 적부터 우리 남매에게 《손자병법》을 읽게 하셨던 아버지는 아무래도 뛰어난 전략가이셨던 것 같다. 그리고 그토록 외국어 공부를 강조하고 기회가 있을 때마다 현명한 조언과 독려를 아끼지 않으셨던 것은 자식을 사랑하는 아버지가 고안해 낼 수 있는 최고의 전략이자 전술이었던 것이리라. 아버지가 달아주신 날개이자 인생의 비밀병기인 외국어 능력, 부모가 자녀에게 남겨줄 수 있는 이보다 더 위대한 유산을 나는 알지 못한다.

04
다국어 능통자 폴리글롯들의 공통점

세상에는 뛰어난 능력을 가진 사람들이 매우 많다. 언어 영역도 예외는 아니어서 다수의 언어를 자유자재로 구사하는 이들이 생각보다 꽤 있다.

한 가지 외국어를 배우는 것도 쉽지 않은 일인데 대단하다고? 나도 그렇게 생각한다.

하지만 이것이 꼭 남에게만 해당되라는 법은 없다. 지금부터 그들의 비밀을 파헤쳐보자.

폴리글롯(Polyglot)

정해진 기준은 없지만, 대략 4~5개 이상의 언어를 구사하는 사람들을 일컫는 말이다. '여러 개의'라는 의미의 영어단어 'poly'와 '혀'를 뜻하는 영어단어 'glot'이 합해져 만들어진 단어로, 말 그대로 혀를 몇 개씩이나 따로 갖고 있는 것처럼 다양한 언어를 구사하는 사람을 뜻한다.

한국에서는 언어의 특성과 문화적 배경 등의 이유 때문에 폴리글롯을 찾아보기가 쉽지 않다. 그러나 해외여행이나 체류 중에 내가 만난 사람들 중에는 상당수가 적어도 2개 이상의 언어를 의사소통이 가능한 수준으로 구사할 수 있었다. 더 정확히 말하면, 여러 언어를 구사하는 사람이 드문 게 아니라 한 가지 언어만 할 줄 아는 사람이 압도적으로 적었다고 해야 할 것이다.

대륙별로 보면 특히 유럽인들, 그리고 세대별로는 아무래도 젊은 세대 중에 다국어 사용자를 만날 확률이 더 높다. 유럽의 경우 국가별 언어적 유사성이 많기 때문에 유럽 언어가 모국어인 사람은 제2, 제3의 외국어를 배우는 일이 더 용이할 수밖에 없다. 또 자기들의 모국어가 세계 어디서든 비교적 쉽게 통용되어 외국어 습득의 필요성을 덜 느끼는 미국인들과는 입장이 다른 것이다. 여행이나 취업 등이 국경과 상관없이 글로벌하게 이루어지고 콘텐츠가 전 세계적으로 공유되는 시대를 사는 젊은 이들이 예전 세대보다 외국어 교육과 생활에 더 노출되는 것도 자연스러운 현상이다.

어찌 되었든 우리 기준으로 볼 땐 다양한 언어를 구사하는 것이 엄청나 보이지만 알고 보면 그리 놀랄 일이 아닌 이유가 있다. 세상의 언어들은 일종의 공통분모를 갖고 있고 대략적으로 대입해볼 수 있는 법칙이 존재하기 때문에 그것을 한번 체득하고 이해하면, 새로운 언어를 추가하는 것은 첫 외국어를 배울 때보다 한결 쉬워진다. 제아무리 형태가 달라도 언어는 결국 소통을 하기 위해 필요한 연장 같은 것이기 때문이다.

물론 도무지 범접하기 힘든 능력을 가진 사람들도 있다. 지아드 파자Zihad faza라는 레바논 사람은 다국어 구사 분야에서 기네스 세계 기록을 보유하고 있는데 무려 58개의 언어를 거의 완벽하게 구사한다. 이미 죽은 사람 중에는 더 많은 언어에 능통했던 사람들도 있던 것으로 추정된다. 그중에는 2시간 정도 원어민들의 대화를 지켜보면 그 어떤 언어라도 곧바로 구사할 수 있는 능력으로 사람들을 놀라게 했던 인물도 있었다는데, 이 정도면 초능력이라고 해야 하지 않을까?

어른들만 이런 능력을 가진 것은 아니다. 방송 프로그램 〈순간포착 세상에 이런 일이〉에 가끔 등장하는 폴리글롯 꼬마들을 본 적 있는가? 학교 문턱에도 가보기 전의 나이인 네다섯 살짜리가 아무도 가르쳐준 적이 없는 10개 이상의 언어를 자유자재로 구사하는 것을 보고 있으면 그저 기가 찰 따름이다. 그것도 러시아어, 아랍어, 스페인어, 독일어, 중국어와 같이 전혀 접점이 없고 어렵기로 정평이 난 언어들을 눈 하나 깜짝 안 하고 바꿔 가며 구사하는 언어 신동들이 실제로 존재한다.

이런 건 너무 예외적인 경우라서 그들의 공부법을 분석해 따라 해볼 욕심을 내는 건 어리석은 일일 것이다. 천재들에게 무슨 비법이란 게 있지도 않을 테고 그걸 알아낸다 한들 일반적으로 적용해서 될 일은 아닐 게 뻔하기 때문이다.

하지만 앞에서 언급한 대로, 비교적 평범한 사람들인데 4~5개 이상의 언어를 구사하는 폴리글롯들의 공부법을 살펴보는 것은 의미가 있다. 믿기지 않을 수 있겠지만 그 정도 언어를 구사할 수 있는 잠재적 능력은 우리 안에도 있다. 적어도 하나 혹은 두 개 정도의 외국어를 잘 배울 수 있는 힌트는 얻을 수 있을 것이다. 하나씩 짚어가며 살펴보자.

폴리글롯에 대한 오해와 진실

먼저 우리가 폴리글롯에 대해 갖고 있는 오해와 편견에 대한 진실을 알아보자.

1. 폴리글롯은 가정 환경이 남달랐을 것이다?

부모가 국제 커플이든지 아버지가 외교관이라든지 하는 특수한 환경에서 자랐을 것이라는 선입견을 가질 수 있다. 일반적인 상식으로 유추해 볼 땐 영유아기 때부터 외국어를 배우기에 유리한 환경에 노출되지 않고서야 하나둘도 아니고 한 손으로 다 꼽을 수 없을 만큼 많은 언어를 구사할 수 있을 것 같지 않으니 말이다.

물론 그런 배경을 지닌 사람들 중에 모국어 외에 편하게 구사하는 언어가 한두 개 더 있는 경우는 당연히 있다. 하지만 실제 통계 결과를 보면 '어릴 때 특수한 환경에서 외국어를 접해야만 폴리글롯이 될 수 있다'는 예상은 완전히 빗나간 것임을 알 수 있다. 폴리글롯들 중에는 우리의 상상과는 정반대로 아주 어렸을 때부터 외국어를 접한 사람이 오히려 적고, 어느 정도 나이를 먹은 후에 외국어를 배우기 시작한 경우가 훨씬 많다.

2. 외국어 습득과 모국어 사이에 관계가 있지 않을까?

'처음 배운 언어가 한국어다 보니 그것이 갖고 있는 한계가 있지 않을까?' 이런 생각을 해본 적이 있을 것이다. 나 또한 이에 대해 알고 싶었다. 그런데 이 부분 역시 언어를 연구해온 학자들의 주장을 살펴보면 결정적인 영향을 미치지 않는다는 의견이 대부분이다.

물론 스페인어가 모국어인 사람이 로망스어군이라는 뿌리를 공유하는 프랑스어를 배운다든가, 독일어가 모국어인 사람이 같은 게르만어군에 속한 네덜란드어를 배운다든가 하는 경우, 즉 자기의 모국어와 같은 어군에 속한 언어들을 배우는 것은 조상이 완전히 다른 언어를 배우는 것보다 수월할 수 있다.

하지만 그것은 알파벳을 공유하고 문법이나 어휘가 비슷해서 학습 초기에 얻게 되는 보너스일 뿐이다. 일정 단계 이후에는 다른 어군에 속한 언어가 모국어인 학습자들과 마찬가지로 시간과 노력을 투자하지 않으면 발전이란 있을 수 없다. 특정 언어가 모국어라는 이유만으로 어떤 언어를 새로 배워 의미 있는 수준까지 끌어올리는 것이 가능하다고 단정 지을 수는 없다는 이야기다.

3. 결국 타고난 능력이 문제일까?

이것 역시 언어 공부를 하는 사람들이 정말 오랫동안 관심을 갖는 테마일 텐데, 당연히 유전적 배경이 어느 정도는 영향을 미치겠지만 외국어를 습득하는데 결정적 역할을 하진 않는다.

그보다는 학습 방법이 훨씬 더 중요하다. 그리고 무엇보다 얼마나 굳은 의지로 노력하느냐 하는 것이 성패를 좌우한다. 다시 말해 천부적인 재능을 타고난 게 아니라 해도 후천적인 요인과 본인의 노력 여하에 따라 얼마든지 폴리글롯의 자리를 넘볼 수 있다는 것이다.

나이도 모국어도 타고난 재능도 폴리글롯이 되기 위한 필수 요소가 아니라면 도대체 그들은 어떤 노력을 하는 걸까? '나와는 뭐가 다르기에 그 사람들은 외국어를 몇 개씩 구사하고 나는 하나를 배우는 것도 이렇게 힘든 걸까?' 하는 궁금증과 억울함이 밀려올 수 있다. 바로 그 부분을 지금부터 살펴보자.

폴리글롯의 공통점

내가 다양한 언어를 접하고 배우면서 깨닫게 된 것들, 폴리글롯 친구들 사이에서 발견한 유사점들, 그리고 세계 다국어 사용자들을 연구하고 분석한 학자들이 내린 결론들을 바탕으로 종합해 본 폴리글롯들의 공통점은 다음과 같다.

1. 자기만의 공부 방식이 있다.

전 세계 폴리글롯들이 모여 세미나도 열고 사교의 시간을 갖는 행사가 있는데 그곳에서 나오는 얘기들을 들어보면 정말 황당할 정도로 우리가 알고 있는 정통 방식을 따르는 사람은 찾아볼 수가 없다.

예를 들어 암기법 하나만 봐도 천차만별이다. 어떤 사람은 500개 단어를 각각의 쓰이는 표현과 함께 외우는 방법으로 10개 이상의 언어를 하게 되었다 하고, 다른 사람은 8개 국어를 하게 되기까지 매번 해당 언어로 된 짧은 영상을 수집해서 그 안의 문장들을 토막 낸 후 그걸 집중적으로 암기했다고 증언한다.

그런가 하면 이런 사람도 있다. 1000개의 어휘를 써서 외우고, 2주 후에 체크해보면 30% 정도가 기억에 남는데 그때 잊어버린 70%를 포함해서 전체를 다시 한 번 외우고, 그로부터 2주 후에 확인해보면 50%가 기억에 남는데 또다시 같은 방식으로 전체 암기를 하는 자신만의 '2주 간격 암기법'을 개발해 무려 9개 이상의 언어를 배울 수 있었다는 것이다.

실제로 이런 증언들은 수없이 많고 다양하다. 여기서 우리가 눈여겨봐야 하는 것은 각각의 학습법이 아니라, 외국어를 잘 구사하는 사람들은 '어느 누구도 같은 방법으로 공부하지 않았다는 사실'이다. 모두가 자기만의 노하우를 찾아냈다는 것에 주목할 필요가 있다.

그런데 이들에게도 한 가지 공통점은 있다. 바로 선생님에게 의존하지 않고 스스로의 학습법을 고안해내는 것이 언어 공부의 최적화된 길이라는 걸 증명하고 있다는 것이다. 누군가의 가르침을 통해 얻을 수 있는 건 제한된 정보에 불과하다. 그래서 배운 것은 적당히 활용하고 실제 공부는 자기가 해야 하는데 대개의 경우 수업에 너무 의존하는 경향이 있다.

아무리 훌륭한 셰프가 요리를 해서 밥상을 차려 놓아도 내가 먹지 않으면 그림의 떡이 아니던가. 좋은 선생님, 잘 만들어진 교재는 그런 밥상과 냉장고 속 재료에 해당하는 것이다. 누가 가르쳐 준다고 자동으로 잘 하게 되는 것이 아니라, 직접 노력을 기울여 배워야 하고, 다양한 시도와 시행착오를 거쳐 자기한테 가장 잘 맞는 학습법을 찾아내야만 한다.

2. 처음부터 듣기와 말하기에 집중한다.

듣기와 말하기의 중요성은 아무리 강조해도 지나치지 않는데 그중에서도 듣기는 특히 중요하다. 나는 종종 외국어를 잘하고 싶다는 사람들에게 일단 무조건 많이 들으라고 조언을 한다. 처음엔 무슨 말인지 모르더라도 원어로 된 오디오를 최대한 자주, 최대한 많은 시간 들어야 한다고 말이다. 그러면 꼭 의문을 제기하는 사람들이 있다.

"아이라면 몰라도, 어른이 그런 식으로 외국어 듣기 공부를 하는 게 과연 도움이 될까요?"

이에 대한 내 답이 궁금한가? 당연히 '그렇다'이고, '성인일수록 더 그렇다'이다. 듣기는 언어를 배우기 시작하는 초기부터 가장 공을 많이 들여야 하는 영역이다.

말하기도 다르지 않다. 다른 걸 완벽하게 배워 놓고 말하기를 하겠다? 이건 악기를 배우는데 악보 읽는 법만 한참을 배우다가 연주는 마지막에 시도하겠다는 것과 같다. 이렇게 예를 드니 얼마나 어폐가 있는 말인지 알겠는가?

듣기와 말하기 학습의 중요성 즉, 들어야 말할 수 있고 말을 하면 더 잘 들리게 되며 이것이야말로 언어 학습의 시작이라는 걸 예리하게 알아챈 사람들이 폴리글롯이 되는 것이다. 한마디로 폴리글롯들은 월등히 뛰어난 능력을 타고난 사람들이라기보다 효과적인 공부 순서와 학습법에 눈을 뜬 것이라고 할 수 있다.

3. 언어 공부를 습관으로 만든다.

외국어 공부는 벼르고 벼르다가 마음먹고 치르는 행사가 아니라, 매일 반복하지 않으면 뭔가 이상하고 찜찜한 기분이 드는 습관으로 만들어 버려야 한다. 마치 자기 전엔 꼭 이를 닦고 샤워를 하는 혹은 아침에 일어나면 반드시 물 한 잔을 마시는 습관처럼, 폴리글롯들에겐 언어 공부가 자연스럽게 몸에 배어 하루도 거르지 않는 일이다.

여기서 생각해봐야 할 것은 어떤 일을 '습관'으로 만들기 위한 조건'이다. '습관'이라는 단어의 사전적 의미를 찾아보면 이렇게 나온다. '어떤 행위를 오랫동안 되풀이하는 과정에서 저절로 익혀진 행동 방식'. 다시 말해, 자기도 모르게 행동에 옮겨질 만큼 수없이 되풀이해야 '습관'이 될 수 있다. 폴리글롯들은 바로 그렇게 오랜 시간 동안 하루도 빠짐없이 외국어 공부를 해온 일종의 덕후들이다.

전문가들의 말에 의하면 어떤 일을 습관으로 만드는 데는 최소 24일의 시간이 필요하다고 한다. 마음먹고 한 달 이상 매일 외국어 공부를 할 수 있다면 당신에게도 희망이 있다!

4. 호기심과 오지랖이 넓다.

그동안 문법책만 갖고 씨름을 해왔던 사람이라면 무슨 소리인가 싶겠지만 사실 매우 중요한 부분이다. 언어를 잘 구사하려면 그 언어를 사용하는 국가의 문화, 그 나라 사람들의 생각하는 방식이나 정서 등을 접하고 흡수하는 과정이 동반되어야 한다. 언어는 문화의 거울이고 인간의 생각을 지배하기 때문이다. 이런 이유로 언어 외적인, 그러나 언어와는 떼려야 뗄 수 없는 것들을 포함해 별의별 게 다 궁금해서 알아내지 못하고는 못 견디는 성향의 사람들이 언어도 빨리 배운다.

5. 언어를 배우는 일이 정말 재미있다고 느낀다.

나 또한 이 세상에 외국어를 배우는 것만큼 재미있는 일은 드물다고 생각하는데 요건 한번 맛을 본 사람들은 다 알고 있는 사실이다. 모두가 예외 없이 힘든 과정을 통해서 언어를 배우지만 폴리글롯들은 그 과정을 즐기다 못해 공부가 아니라 일종의 놀이라고 생각하는 경향이 있다.

이 대목에서, '어? 나는 솔직히 재미없는데 어떻게 하면 좋지?'라고 생각하는 사람도 있겠지만 방법이 없는 건 아니다. 자기가 좋아하는 일과 접목시키는 것이 일례가 될 수 있겠다. 언어 공부에는 흥미가 없지만 음악을 좋아한다면 해외 뮤지션의 노래 가사에 집중해 보거나, 외국어는 자신 없지만 요리를 좋아한다면 해당 언어로 된 레시피를 활용하는 방법도 있을 것이다. 그러다 보면 어느 순간 외국어가 즐거운 취미의 일부가 되어 있을 수 있다.

'외국어는 평생 나와 상관없는 일이었고 앞으로도 그럴 거야'라고 주장하던 사람들이 드라마틱하게 변화하는 모습을 나는 여러 번 보았다. 언어를 통해 새로운 세상을 경험하거나, 자기도 모르게 실력이 늘었다는 것을 확인하는 순간이 오면 언어 공부가 얼마나 재미있는지 이해하게 될 것이다. 폴리글롯들은 언어 공부의 여정 속에서 기쁨을 느끼는 작은 사건들을 그냥 흘려보내지 않고 열정의 불씨로 삼아 잘 키워나간 이들인 것이다.

자, 어떤가? 폴리글롯들은 당신이 생각했던 것처럼 다른 별에서 온 외계 생명체 같은 존재들이 아니라는 것을 알겠는가? 언어 능력자가 되는 것은 절대 남의 이야기만이 아니다. 당신도, 언제든, 얼마든지 도전해볼 수 있는 일이다. 폴리글롯이 되든 한 가지 외국어를 배우든 '언어의 세계'에 입문해보고 싶다는 꿈이 가슴속에 있다면 오늘부터 당장 해야 하는 일이 있다. '나는 외국어에 재능이 없다' 혹은 '나는 할 수 없다'라는 생각을 버리는 일이다.

언어에 특별한 재능을 갖고 있는 듯 보이는 사람들의 예외 없는 공통점은 바로 '넘치는 자신감'이다. 이것이야말로 폴리글롯 혹은 외국어 능력자들의 가장 핵심적인 공통점일 수도 있다. '자신감'으로 스스로를 무장하는 순간 발휘할 수 있는 능력이 배가되기 때문이다. 자, 그럼 묻겠다. 당신은 할 수 있는가? 자신 있는가? 당신의 대답이 '아니다'라면 오늘부터 자기 최면을 걸어보자. 자신감은 자기 최면으로 얼마든지 키워나갈 수 있다!

반대로 대답이 '그렇다'라면 당신은 이미 '언어 능력자의 세계'로 향하는 신나는 여정의 출발선을 끊은 것이다. 진심으로 축하하는 바이다!

02
PART

본격적인
시작에 앞서

언어 공부에서 중요한 것은
어느 날 갑자기 모든 것을 올인하는 열정이 아니라
배움을 계속 이어나가는 지속성이다.

01

반드시 성공하는
목표 수립의 기술

외국어 공부를 하는 사람들의 공통적인 고민이 하나 있다.

"작심삼일이 되지 않으려면 어떻게 해야 할까?"

새로운 한 해, 새로운 학기를 맞이할 때마다 위시 리스트에 빠지지 않고 등장하는 단골손님이지만 도전하겠다는 사람은 많아도 흡족하게 끝냈다는 이는 찾기 힘든 외국어 공부! 굳은 결심을 하고 시작했다가도 중간에 의지가 약해져 손을 놓는 경우가 부지기수다.

호들갑을 떨면서 학원도 등록하고 온라인 수업도 듣고 교재라는 교재는 다 사 모으는 등 가능한 모든 에너지를 쏟아붓는 사람일수록, 즉 누구보다 의욕적으로 달려드는 사람일수록 얼마 가지 않아 그 열정에 얼음물이라도 끼얹진 것처럼 포기해 버리기 일쑤다. 도대체 그 이유가 무엇일까?

한번 생각해보자. 어디 외국어 공부뿐이던가? 운동이나 다이어트, 혹은 다른 무언가를 처음 배울 때도 탄탄한 로드맵과 실현 가능한 계획이 뒷받침되지 않으면 결과는 마찬가지다. 이유는 간단하다. 이런 일들은 절대 노력한 만큼의 성과가 바로바로 눈앞에 보이지 않기 때문이다.

용두사미 격으로 시작만 거창하고 흐지부지되지 않으려면 목표를 설정하고 세부적인 계획을 세우는 일을 등한시해서는 안 된다. 아니, 과하다 싶을 정도로 시간과 공을 들여야 한다. '왜 배우고 싶은지도 모르고 시작하는 사람이 어디 있어? 난 충분히 동기 부여가 되어 있는걸!'이라고 생각하기 쉽지만, 막연하게 '영어를 잘하고 싶다', '제2외국어 하나쯤 배우고 싶어' 정도로 목표 설정이 되었다고 믿었다가는 장기전에서 실패할 가능성이 높다.

대학 시절 내 별명은 '계획녀'였다. 그 후로 긴 세월이 흘렀지만 '계획을 세우고 실행하는 일'은 여전히 내 삶의 일부이다. 오랜 습관 때문인지 나는 지금도 전체적인 틀을 짜는 과정을 거치지 않으면 업무의 효율성이 떨어지는 것을 바로 느낀다. 그래서 어떤 일을 하든지 목표와 세부 계획을 끄적거리며 밑그림을 그리고 타임라인을 정한다. 비록 다 지키지 못한다 해도 그렇게 했을 때와 그렇지 않았을 때 프로젝트의 장단기적 결과는 판이하게 달라진다는 것을 잘 알기 때문이다. 이런 나의 습관은 외국어를 배울 때도 많은 도움이 되었다.

언어 공부는 오랜 시간 동안 뚝심 있게 걸어가야 하는 길과 같다. 속성으로 무언가를 이루겠다는 생각만큼 위험한 게 없다. 목표 지점은 멀리 두고, 현실적인 계획은 촘촘히 세워야 하는데 그 방법에 있어서도 신중해야 한다. 속전속결로 끝낼 일이 아니기 때문에 조급한 마음을 갖기보다는 시간을 들여 자신의 마음과 의지, 공부할 수 있는 여건 등을 차분히 점검해보아야 한다. 자, 그럼 구체적으로 어떻게 해야 하는지 알아보도록 하자.

1. 강력한 이유를 찾아라.

그 어떤 목표나 계획도 '왜'가 결여되어 있으면 흐지부지되는 것은 시간문제다. 반대로 뚜렷한 동기가 있으면 힘이 빠지게 되는 순간 다시 마음을 잡기가 더 쉬워진다. 따라서 '나는 과연 왜 이 공부를 하고 싶은가?'에 대한 가슴 깊은 곳의 답을 들어 보아야 한다. 이 언어를 배우기로 결심한 데에는 어떤 일이 가장 결정적인 영향을 미쳤는지, 그리고 새로운 언어를 습득해서 내가 간절히 하고 싶은 일은 무엇인지에 대해 생각해봐야 한다. 이유나 동기가 명확하고 사적일수록 성공 확률은 높아진다.

프랑스에 사는 동안, 한국인 입양아 출신의 영화감독 우니 르콩트Ounie Lecomte를 만난 적이 있다. 대개는 갓난아기일 때 입양이 되는데 그녀는 특이하게도 7살이 되어서야 프랑스 양부모님을 만났다.

이미 프랑스 예술계에서 주목 받던 그녀는 입양 전 보육원에서의 생활을 그린 자전적 영화 〈여행자Une vie toute neuve / A Brand New Life, 2009〉가 세상에 나온 후 한국을 방문해 친모를 찾았다. 그녀는 어머니와 많은 시간을 보내길 원했지만 통역사 없이는 전혀 의사소통을 할 수 없었다.

우니 감독은 좋은 집안에 입양되어 최고의 교육을 받았고 촉망받는 예술가로서 프랑스 문화계에서 자리매김을 한 사람이다. 더구나 한국에서 태어나 몇 년간은 살았기 때문에 마음만 먹으면 한국어를 배우는 것이 다른 입양아들이나 외국인보다 유리한 상황이었다. 반대로 우니 감독의 친어머니는 어려운 현실 때문에 어쩔 수 없이 딸을 입양 보낸 분이다. 어느 정도 교육을 받으셨는지는 모르겠지만 이미 오래전의 일이고 연세가 지긋한 노인이었다.

그런데 어떤 일이 벌어졌을까? 프랑스에서 명문 대학을 나온

40대의 인텔리 딸과 가난과 싸우며 치열하게 살아온 70대의 평범한 한국 어머니. 객관적인 조건만 놓고 보았을 때 누가 더 빨리 상대의 언어를 배울 수 있을 것 같은가?

결과는 모든 이의 예상을 뒤엎는 것이었다. 우니 감독은 한국어를 조금 배웠지만 중도에 포기했고, 일흔 줄에 들어 알파벳을 처음 배운 어머니는 입양 보낸 딸과 프랑스어로 대화를 할 수 있는 수준에 이르게 되었다.

이 놀라운 스토리의 숨은 비결은 한 가지이다. 바로 세상 그 어떤 것과도 비교할 수 없는 어머니의 사랑! 딸도 당연히 친모를 만나 감격스럽고 행복했겠지만 어린 자식을 타국으로 입양 보내고 가슴앓이를 하며 살아온 어머니만큼 절절한 마음은 아니었던 것이다. 어머니에게는 '무슨 수를 써서라도 내 딸과 소통하고 싶다'는 강력한 모티브가 있었기 때문에 그 무엇도 장애물이 될 수 없었다.

재능이 없다거나 나이를 많이 먹었다거나, 기억력이 감퇴했다거나 하는 우리의 핑계들은 어쩌면 '간절한 목표가 없다'로 해석될 수 있을지도 모른다. 반대로 그런 목표가 있을 때 사람은 한계를 뛰어넘는 초인적인 힘을 발휘할 수 있는 것이다. 입양 보낸 딸과 대화하고 싶은 엄마의 마음까지는 아니라 하더라도 막연히 배우고 싶다는 생각이 아닌 절실한 이유가 내게 있는지를 깊이 생각해보는 과정은 반드시 필요하다.

2. '피드백 시스템'을 구축하라.

외국어를 독학한다는 건 정말 대단한 일이다. 공부 자체가 어려워서라기보다 지금 내가 어디쯤 와 있는지를 누군가 확인시켜주지 않으면 마치 사막을 횡단하는 것처럼 막막한 기분이 들 때가 많기 때문이다.

그래서 목표를 세울 때 중요한 것이 초기 동기를 스스로 상기시키고 학습 진행 상태를 셀프 체크하는 방법을 함께 생각해두는 일이다. 바로 '피드백 시스템'을 구축하는 것이다. 명심해야 할 것은 어쩌다 생각날 때마다가 아니라 일정한 주기를 정해 두고 정기적으로 실행해 나가야 한다는 것이다. 단순히 대의적인 목표 달성을 했는지 여부만 체크하는 것이 아니라, 학습 항목에 따른 세부 목표를 잘 수행하며 전진하고 있는지를 테스트해야 한다.

궁극적 목표가 무엇이냐에 따라 달라질 수 있는데, 예를 들어 '영어 뉴스 듣기'라는 목표를 세웠다면 '2주에 한 번 혹은 한 달에 한 번'과 같은 주기를 정한 다음 영어 뉴스 받아쓰기를 해보는 것이다. 대본을 구하거나 자막을 다운받아 평가를 해본다면 많은 도움이 될 것이다. 그동안 암기한 단어 중 정확하게 알고 있는 것이 얼마나 되는지 점검하는 어휘 테스트를 해볼 수 있고, 시사상식 문제 풀이도 활용 가능하다.

모의 시험지 등을 구해 푸는 경우에는 실제 시험 상황과 유사하게 설정하고, 결과를 기록해서 다음 번 테스트 때 비교할 수 있도록 하는 것이 중요하다. 무엇이 되었든 자기만의 바로미터는 반드시 있어야 한다.

죽어라 열심히 하고 있는데 과연 실력이 느는 건지 아닌지 알 수 없다면 그것처럼 힘 빠지는 일이 없다. 학생이라면 학교에서 정기적으로 시험을 치르니 좋든 싫든 저절로 체크가 되는데, 혼자 공부하고 있다면 자기 스스로 시스템을 만드는 게 답이다. 셀프 체크 시스템 없이는 미로 안을 헤매는 느낌을 지우기가 힘들어진다.

어떤 식의 테스트를 해야 한다는 법칙 같은 것은 없다. 얼마든지 자신의 상황과 목표에 맞춰 창의력을 발휘해도 되는 일이니 이 또한 재미있는 과정이라 생각하고 즐겨보자! 이러한 자가 진단 장치는 부족한 것이 무엇인지 파악해 그 부분을 보완해 나가는 데에도 도움이 되고, 고지가 얼마 남지 않았는데 멀게만 느껴져 포기하고 마는 불행한 결과도 피할 수 있게 해준다. 자기만의 피드백 시스템 구축은 목표 지점까지 성공적으로 달리는 일에 도움이 되는 최고의 나침반이다.

3. 우선순위를 정하라.

작심삼일을 반복하는 사람들의 공통점은 자기만의 명확한 우선순위 기준이 없다는 것이다. 삶의 전반적인 패턴과 태도에 있어서 우선순위가 결여되면 규칙적이고 지속적인 시간 투자를 요하는 외국어 공부가 어려워진다.

예를 들어 1주일에 적어도 10시간은 영어 공부를 하겠다고 결심했다면 어떤 유혹이나 제안이 들어와도, 아무리 게으름병이 도져도 무너지지 말아야 하는데 우선순위가 확실하지 않은 사람은 흔들리게 된다. 이런 식으로 실패하지 않으려면 영어 공부가 다른 일들보다 우선순위에 있다는 걸 스스로 인식하는 게 중요하다.

나는 오래전부터 내 인생에서 중요한 것이 무엇인지, 하루 24시간 혹은 한 달의 시간 중 몇 %를 어떤 일에 쓰고 싶은지 깊이 고민하고 기록하는 일을 정기적으로 해오고 있다. 내가 활용하는 방법은 다큐멘터리 방송에서 자수성가한 일본인 사업가가 어떻게 계획을 세우고 시간 분배를 하여 성공했는지를 보고 힌트를 얻은 것이다.

어린 시절 방학이 되면 만들곤 했던 동그라미 생활계획표를 기억하는가? 그때를 떠올리며 큰 종이에 동그라미 하나를 그린 다음 테마를 정하고 칸을 나누는 아주 간단한 방법인데 효과는 만점이다.

예를 들어 '돈, 명예, 권력, 인지도, 종교적 사명…' 중에서 무엇에 더 방점을 두고 사회 활동을 하고 싶은지도 그려보고, 다른 동그라미에는 '가족, 연인, 친구, 동료, 이웃…' 중에서 누구와 어느 정도의 시간을 함께 보내고 싶은지도 그려보고, 또 자기계발 중 어떤 부분에 우선순위를 두어 얼마의 시간을 투자하고 싶은지 등을 그려 머릿속의 생각을 정리하는 것이다. 이렇게 해두면 뜻하지 않은 일정이나 제안이 생길 경우 후회 없는 선택을 할수 있는 기준점이 되어주기 때문에 매우 유용하다.

내 인생의 시간 중 '얼마를, 어떤 일에, 혹은 어떤 사람과 함께 사용하고 싶은지'에 대해 큰 단위에서 작은 단위(향후 10년, 5년, 1년, 한 달…)로 계획하는 것이 요령이다. 한 번만 해보고 나면 그동안 얼마나 쓸데없는 일에 시간을 낭비하고 있었는지 깨닫게 될 것이고, 외국어 공부를 하면서 불필요한 일에 마음을 빼앗길 확률도 줄일 수 있다.

오늘부터 앞에서 언급한 기준과 노하우들을 염두에 두고 차근차근 계획을 세워보자. 사전 준비를 잘 할수록 실행도 수월하고 많은 시간과 에너지를 절약할 수 있다. 그렇기 때문에 목표와 계획 수립의 과정은 매우 중요하며 반드시 공을 들여야 한다.

다시 한번 강조하지만 외국어 공부는 허겁지겁 해치울 수 있는 일이 아니니 조급하게 생각하는 것은 금물이다! 언어 공부의 달리기에선 토끼보다 거북이가 더 유리하다는 걸 명심하길 바란다.

02

결국 해내는 사람들의
마인드셋

'외국어에 대한 열정은 이 세상에 존재하는 가장 위대한 로맨스이다.'

어떤 책에서 이 문구를 발견한 후로 왜 언어에 대한 사랑을 세상 가장 위대한 로맨스라고 했는지 곰곰이 생각해 본 적이 있다. 내가 내린 결론은 이렇다. 아름답고 신기하고 달콤한 경험만큼이나 한계에 부딪쳐 포기하고 싶은 순간도 마주하게 된다는 점, 본의 아니게 일이 꼬이거나 현실적인 문제로 어려움을 겪는 등 많은 고비를 넘겨야 한다는 점, 진심에서 우러나는 헌신과 노력은 모든 것을 극복하는 힘이 될 수 있다는 점 등이 사랑과 꼭 닮았는데, 고난의 강도나 쟁취했을 때의 기쁨이 세상 그 어떤 지독한 사랑보다 크기 때문이 아닐까?

깊이 생각해볼수록 언어 공부를 로맨스에 비유한 절묘함에 고개를 끄덕이게 된다. 진정한 사랑을 완성시키려면 뜻하지 않게 닥치는 어려움과 갈등을 두 사람이 지혜롭고 끈기 있게 극복해가는 시간이 쌓여야 하지 않던가.

언어 공부도 마찬가지다. 시작할 때 불꽃이 튀는 것도 중요하지만, 두근거림이 한순간의 뜨거움으로 존재하다 사라지지 않고 지속적인 열정으로 승화되도록 하는 것도 매우 중요하다. 아무리 뛰어난 재능을 타고난 사람이라 할지라도 한 걸음씩 꾸준히 걸어나가지 않으면 이룰 수 없는 일, 수억 원의 돈을 지불한다 해도 지름길을 택해 목적지에 다다를 수 없는 일, 때때로 놀라운 발견과 즐거운 경험을 할 수 있지만 어려움 없이 술술 풀리기만을 기대하면 안 되는 일, 이것이 언어 공부의 실체인 것이다.

이처럼 만만치 않은 외국어 공부를 성공으로 이끄는 열쇠 중에서도 마스터키에 해당하는 것이 있다. 바로 언어 공부에 임하는 학습자의 자세 혹은 태도이다. 나의 외국어 사랑은 10대 후반에 시작되어 지금까지 이어져 오고 있는 셈인데, 직업을 갖고 나이를 먹으면서도 그 끈을 놓지 않은 것이 참 다행스럽다. 쉽없이 노력해온 내 자신에게 때론 고맙기도 하다.

이 책을 읽고 있는 독자들도 세상 가장 위대한 사랑을 경험하고 쟁취할 수 있길 바라며, 내가 열정의 불씨를 유지하기 위해 고수해온 '외국어 학습자로서의 태도와 마인드'에 대한 철학을 나누려 한다.

1. 완벽하게 구사하겠다는 생각을 버린다.

사실 이건 애당초 얘기할 필요도 없는지 모르겠다. 언어를 구사하는데 있어서 완벽함이란 없기 때문이다. 외국어를 이야기하기 전에 모국어에 대해 먼저 생각해보면 답은 쉽게 나온다. 한국인이라고 해서 과연 한국어를 완벽하게 구사하는가? 설마 '그렇다'고 답할 사람이 있을까? 어느 누구도, 자신의 모국어라 해도, 그것을 완벽하게 구사하는 것은 불가능하다. 하물며 외국어를 배우면서 '완벽함'에 집착하게 되면 언어 공부의 즐거움은 사라지고 심한 압박과 부담만 남게 된다.

조금 더 단도직입적으로 말하면 우리는 타고난 천재가 아니라는 사실을 인정하고 받아들이자는 이야기이다. 꿈을 크게 갖는 것은 좋고 구체적인 목표를 세워야 하는 것도 맞지만, 외국어를 배우는 길고 험한 여정에서 지치지 않으려면 '완벽하게 말하는 자기 자신에 대한 환상'을 지워야 한다.

이것은 자신감을 갖는 것과는 별개이다. '외국어 천재'를 희망하면서 기준치를 지나치리 만큼 높게 잡아놓고 그에 미치지 못하는 현실을 마주할 때마다 좌절하거나 낙담해서 결국 포기하는 일은 없어야 한다. 외국어는 말 그대로 다른 나라의 말이다. 조금 부족한 듯해도 상대와 오해 없이 소통하고 나를 표현할 수 있다면 그것으로 이미 훌륭하다. 나는 늘 이런 생각으로 언어를 배워왔다.

2. 외국어 공부에 필요한 연료는 폭발력이 아니라 지속성이다.

내가 평소 강조하는 말 중에 '언어 공부는 미션이 아니라 습관이다!'라는 것이 있다. 이러한 공부 철학을 이해시키기 위해, 한꺼번에 몰아서 하는 것이 아니라 꾸준히 해야 한다는 관점에서 나는 언어 공부를 다이어트에 종종 비유한다.

누구나 한 번쯤은 해봤을 다이어트. 나 역시 안 해본 다이어트가 없는데, 어느 날 갑자기 기적처럼 살이 빠진다는 다이어트는 단 한 번도 그 효과가 지속된 적이 없다. 순식간에 몇 킬로그램을 빼서 여신 몸매가 되었다는 다이어트들을 따라 해보라. 처음에는 반짝하고 뭔가 변화가 있는 것처럼 보이지만 근본적인 생활 습관을 바꾸지 않으면, 결국 원점으로 돌아가거나 요요 현상으로 아예 다이어트를 하지 않은 것보다 못한 모습이 되기도 한다.

어떻게 해야 다이어트에 성공하는지를 생각해보면 언어 공부에 대한 중요한 힌트를 얻을 수 있다. 밥을 굶거나 너무 심한 운동을 하는 것과 같은 극단적인 일에 도전하는 대신 건강한 식단과 운동을 꾸준히 하면서 그것을 습관화해야 한다는 것은 만고의 진리다.

언어 공부도 바로 그런 태도로 임해야 한다. 많은 정보를 한꺼번에 왕창 들이킨다고 내 것이 될 리 만무하기 때문에 조금씩이라도 매일 공부하는 것을 습관으로 만들기 위한 노력이 필요하다. 폭발적인 힘을 발휘하거나 엄청난 시간을 한 번에 투자하는 것은 큰 효과가 없다. 반드시 기억하라. 언어 공부에서 중요한 것은 어느 날 갑자기 모든 것을 올인하는 열정이 아니라 배움을 계속 이어나가는 지속성이라는 것!

3. 모멘텀을 노린다.

우선 모멘텀momentum이라는 말의 의미를 짚어보자. 모멘텀은 원래 물리학 용어로 '동력'을 뜻하는데, 어떤 분야 혹은 어떤 경우에 쓰느냐에 따라 다양한 의미가 되기도 한다. 여기서 말하는 '모멘텀'은 '어떤 일의 계기가 되는 것'을 뜻한다. 외국어 공부에 불을 붙일 수 있게 해주는 혹은 작심하게 하는 원동력을 말하는 것이다. 언어를 배우는 것은 길고 지루한 자기와의 싸움이기 때문에 가끔 우리 안에 있는 열정을 확 끌어올려줄 모멘텀이 필요하다.

구체적인 예를 들면 이런 것들이다. 요즘은 한국어를 구사하는 외국인들이 적지 않은데 그들 중 상당수는 K문화K-Culture에 빠진 것이 시작이었다고 말한다. BTS 같은 K팝K-Pop 그룹의 팬이 되거나 한국 드라마를 보다가 한국 문화를 사랑하게 된 것이 한국어를 배우는 모멘텀이 되었다는 것이다. 2002년 월드컵 때 축구를 보러 서울에 왔다가 붉은 악마의 뜨거움과 한국인들의 친절함에 매료되어 한국어를 배웠고 지금까지 서울에 정착해서 살고 있는 영국인도 본 적 있는데, 그 친구에겐 월드컵이 한국어를 배우는 모멘텀이 된 것이다.

내 지인 중에는 나와 떠났던 여행이 평생 잠자고 있던 그녀의 외국어 열정을 깨운 모멘텀이 되었다고 말하는 이도 있다. 함께 스페인, 프랑스, 영국을 오가며 여행을 했는데 어느 나라를 가든 자유롭게 언어를 구사하며 친구를 사귀고 즐거운 시간을 보내는 나를 보면서 큰 자극을 받았다는 것이다. 처음엔 마냥 부러웠다가 함께 어울려보니 어쩌다 한마디만 말이 통해도 그리 즐거울 수가 없더란다. 그래서 마흔을 훌쩍 넘긴 나이에 처음으로 외국어 공부를 시작해 지금은 영어와 일본어를 수준급으로 구사하게 되었다.

'기회는 준비된 사람에게 온다'는 말에 나는 전적으로 동의한다. 인생을 바꾸는 모멘텀은 우연히 찾아오는 듯하지만 어쩌면 그 기회는 자기가 만드는 것일지도 모른다. 조금이라도 자극이 되거나 자신감을 충족시켜 줄 수 있는 사건을 노리다가 적절한 타이밍이 왔을 때 놓치지 않고 잡으려는 자세가 되어 있어야 하는 것이다.

남들은 가만히 앉아 있었는데 운 좋게 그런 모멘텀이 찾아와 준 것일까? 절대 그렇지 않다. 기회는 우리 주변에 언제나 널려 있고 적극적으로 찾으려는 사람의 눈에 띄게 되어 있다. 모멘텀 역시 그런 사람들에게 주어지는 선물과 같다.

외국어 공부의 모멘텀은 언어를 통한 재미있는 경험이나 그 언어를 배우고 싶은 욕망을 자극하는 일이라면 그 어떤 것이라도 될 수 있다는 사실을 감안하고 열심히 찾아야 한다. 예를 들어 외국 여행을 앞두고 있다면 현지에서 필요한 말들을 미리 연습해서 여행 중 최대한 써먹어 봄으로써 자기 자신에게 용기를 주고 뿌듯함을 느끼는 계기가 되도록 하는 것은 어떨까. 성공적인 대화를 단 한 번만 해봐도 그 기쁨은 대단하다.

외국어 공부는 '기분 좋은 경험을 통해 보람을 느끼면 동기부여가 되고, 동기 부여가 되면 실력이 향상되고, 조금이라도 발전

을 하면 다시 동기 부여가 되는 과정을 무한 반복하는 일'이라
는 것을 꼭 기억하자.

4. 남과 비교하지 말고 나만의 속도로 간다.

사람들이 흔히 범하는 오류 중 하나가 외국어를 배우고 있는
모든 이들과 한 트랙에서 한 결승점을 향해 뛰고 있다고 착각하
는 것이다. 실상은 전혀 그렇지 않다. 외국어 공부는 모두가 한
날한시에 출발해서 하나의 골인 지점에 도착하는 순서에 따라
순위를 매기는 경기가 아니다. 각자 자기만의 코스에서 자기만
의 속도로, 자기만의 목표지점을 향해 가는 것이라고 생각해야
한다.

또 마라톤 경주보다는 산티아고 순례길을 걷는 것과 더 닮아
있다. 따라서 '같은 학원에 다니는 친구는 실력이 빨리 늘던데',
'내 직장동료는 지난 시험에서 점수도 잘 받았는데', 혹은 '우리
아이는 금세 하던데 나는 나이 탓인지 좀처럼 발전이 없으니 이
렇게 공부해서 어느 세월에 배우지' 이런 생각은 옳지 않다.

언어를 배우는 일은 그 과정 자체를 즐겨야 한다. 오로지 숨
이 턱에 차도록 달려서 결승선을 끊는 일만 생각하면 중간에 넘
어지거나 포기하기 쉽다. 이미 여러 언어를 구사하는 폴리글롯
들을 포함해 어느 누구도 완벽한 외국어를 구사할 수 없고, 아무

리 잘하는 사람도 늘 더 배울 게 있기 때문에 '골인 지점'이란 애초에 존재하지 않는 배움의 과정이라는 걸 확실히 인식해야 한다. 절대 남과 비교하지 말고 자기만의 코스를 묵묵히 걸어야 하는 것이다.

이번 장에서 설명한 내용은 공부를 하다 기운이 빠지거나 포기하고 싶어질 때 한 번씩 다시 읽어보며 마음을 새로 다져 보길 권한다. 아마도 심기일전해서 다시 힘을 내는데 도움이 될 것이다.

언어 공부는 성공 여부와 상관없이, 도전하는 것 자체만으로도 우리를 성장시켜준다. 고로 당신은 이미 위대한 사랑을 실천하고 있는 것이고, 아픈 경험마저도 소중한 과정이며, 열정을 지속시킬 수만 있다면 반드시 꿈을 이룰 수 있다. 부디 앞으로도 외국어에 대한 당신의 뜨거운 로맨스가 지속될 수 있기를 진심으로 바라는 바이다.

03

피해 갈 수 없는
딜레마들

　일정 수준에 오를 때까지 외국어를 진지하게 공부해본 사람
이라면 반드시 한 번쯤은 경험했을 일들이 있다. 일종의 딜레
마라고 해야 할 것도 있고, 반드시 거치게 되는 과정 정도로 설
명 가능한 것도 있다. 분명한 건 거의 예외 없이 누구나 겪게 된
다는 것이다. 또 막상 닥치면 너무 뜻밖이라 꽤 고민스러운 일로
느껴질 수 있다. 따라서 조언해주는 사람이 곁에 없으면 자신의
능력을 의심하거나 의욕이 저하되는 요인으로 작용할 수도 있
다. 내가 이것에 대해 굳이 설명을 하고 넘어가기로 작정하게 된

이유이다.

나 역시 처음 겪었을 땐 그 정체를 몰라 꽤나 혼란스러웠다. '나와 이 언어는 잘 맞지 않는다'라고 생각하며 좌절하기도 했고, 포기하고 싶은 충동을 느낀 적도 있다. 하지만 새로운 언어를 배울 때마다 일련의 비슷한 증상을 겪다 보니 '이상 증세'가 나타나도 전혀 당황하지 않는 여유가 생겼다.

정체불명의 딜레마들이 실은 언어 습득 중에 당연히 거치게 되는 과정이라는 것을 자연스런 학습을 통해 깨닫고 안심할 수 있게 된 것이다. 그걸 네 번이나 경험하고 난 지금은 그런 기미가 보일 때 겁을 먹기는커녕 내 외국어 실력이 늘고 있다는 일종의 신호로 받아들여 기대감마저 갖게 되었다.

다만 '먼저 공부한 누군가가 진작에 말해줬더라면 그렇게까지 고민하고 걱정하지 않았을 텐데'라는 아쉬움이 있기에 혼자 끙끙 앓아가며 열정을 불태울 독자들을 위해 내 경험을 아낌없이 공유하려고 한다.

분명히 해둘 것은, 여기서 얘기하는 것들은 어떠한 학설이나 연구 결과가 아니라 나와 내 주변의 언어 덕후들이 실제 체험한 일들을 바탕으로 하고 있다는 점이다. 그럼 어떤 의외의 경험들이 도사리고 있는지 이야기를 시작해보자.

1. 실력이 늘지 않고 제자리걸음인 느낌이다.

전과 다름없이 혹은 더 열심히 공부하고 있는데, 어느 정도 실력이 좋아진 상태에서 제자리걸음만 하거나 심지어 후퇴하고 있는 느낌마저 들 때가 있다. '백문百聞이 불여일견不如一見'이라고 다음 그림을 보자.

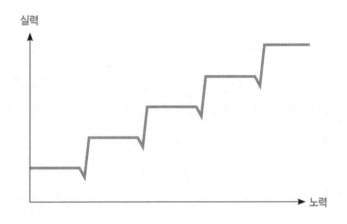

이것은 외국어 학습자들이 일반적으로 느끼는 '언어 실력이 향상되는 패턴'에 대한 체감 그래프이다. 한눈에도 계단 모양을 닮았다는 것을 알 수 있을 것이다. 그리고 자세히 보면 평평하게 나가던 선이 살짝 아래로 향하다 수직으로 올라가서 전 단계보다 더 높은 계단으로 올라가는 패턴이 반복되고 있다. 적어도 한 가지 외국어를 일정 수준까지 끌어올리는 노력을 해본 사람에게 이 그림을 보여주면 십중팔구 '맞아, 맞아!' 하며 격하게 공감할 수밖에 없다.

실력이 느는 것 같아 신이 날라 치면, 그 타이밍을 노렸다는 듯 인내심의 한계를 테스트하는 일이 생긴다. 갑자기 실력이 제자리에 멈추어 선 느낌이 들고, 대개의 경우 그 답답한 느낌이 적지 않은 시간이 지속되다가 도리어 실력이 퇴보하는 것 같은 짧은 침체기가 찾아오는 것이다. 희한한 일은 바로 이 시기에 포기하지 않고 어떻게든 버티면서 공부를 지속하면 거짓말처럼 눈에 띄게 실력이 급향상된다는 것이다.

과학적 근거를 들어 설명할 수는 없어도 외국어 공부를 제대로 해본 이들은 대부분 이런 과정을 겪는다는 것만은 확실하다. 만약 아니라고 한다면 그 사람은 정말 둔하거나, 언어 천재이거나 둘 중 하나일 것이다.

아무리 노력해도 실력이 정체된 상태로 평지를 걷는 듯한 기분이 지속되면 어느 누구라도 진이 빠진다. 그런 때는 1시간이 하루 같고, 하루가 1주일 같아서 괴롭고 짜증도 나고 회의감마저 들 수 있다. 게다가 이상하게도 어느 정도 실력이 늘었다고 생각될 즈음에 때마침 이런 시기가 찾아오니 약이 바짝 올라 그만두고 싶은 마음이 솟구친다. 사람들이 주로 언어 공부를 포기하는 건 바로 이 시기, 즉 '다음 계단까지 이르는 평지' 위를 걷고 있을 때이다.

언어 공부의 이러한 계단식 성장 패턴이 힘들게 느껴지는 이유가 있다. 언어 학습자의 눈에는 다음 계단이 어디쯤 있는지 절대 보이지 않는 것이 문제다. 더 정확히 말하면 대부분의 사람들이 계단을 오르는 과정이라는 것조차 인식하지 못한다. 다 지나고 돌아보면 계단 오르기였다는 것을 알 수 있지만 막상 그 길 위에 있을 땐 끝을 알 수 없어 그저 막막하고 두렵게 느껴지는 것이다.

'여기까지가 나의 한계인가?'

'왜 실력에 변화가 없지?'

이런 생각이 머리를 채우면서 자포자기하고 싶은 욕망에 휩싸이게 된다. 안타깝게도 이 시간을 피하거나 단축시킬 비법이란 없다. 오로지 자기 자신을 믿고 노력을 지속하는 것이 해결책인 만큼 스스로 의지를 다지고 인내심을 잃지 않아야 한다. 한 가지 희망적인 것은 포기하지 않으면 반드시 다음 계단을 만나게 된다는 사실이다.

나 역시 겪었던 일이기에, 언어 공부를 시작하는 이들에게 이 패턴을 인지하고 있기를 당부하고 싶다. 한계점에 다다른 것이 아닌가 하는 생각이 든다면 다시 도약할 시기가 앞에 다가오고 있다는 뜻임을 기억하라고. 그 시기를 버텨내면 반드시 그만한 보람이 있을 거라고. 이미 알고 있던 것조차 기억을 못하겠다 싶은 시간이 이어지다가 어느 날 갑자기 말이 술술 흘러나온다든지, 자막 없이는 엄두도 못 냈던 외국 영화를 자기도 모르게 알아듣고 고개를 끄덕인다든지 하는 거짓말 같은 일들을 분명히 체험하게 될 거라고.

기억하시라, 외국어 공부는 계단식이다! 진전이 없는 것처럼 느껴지지만 실제 언어 실력은 향상되고 있는 중이다. 단지 학습자가 그것을 감지할 수 없을 뿐이다.

2. 내 안에 또 다른 내가 있는 느낌이다.

외국어를 공부하다 보면 '낯선 나'의 모습을 발견하게 된다. '나는 분명히 내성적인 사람인데 새로운 언어를 배웠더니 그 언어로 이야기를 할 때면 외향적인 면이 막 튀어나와서 마치 내가 아닌듯해 어색하다'라는 고백을 하는 이들을 적지 않게 보았다. 사실 이것은 그리 이상한 일이 아니다. 언어란 단순히 입에서 흘러나오는 소리일 뿐 아니라 그 언어를 탄생시킨 문화의 다양한 얼굴을 고스란히 품고 있는 그릇이다.

그래서 외국어를 공부하다 보면 자연스레 그 언어권 사람들의 성향까지도 흡수하게 되는데 개개인에 따라 정도의 차이는 있지만 영향을 받는 것은 확실하다. 나처럼 스페인어를 배운 사람들은 아무래도 라틴 문화권의 영향을 받아 원래 타고난 성격보다 더 외향적이고 낙천적인 성향을 갖게 되는가 하면, 일본어를 공부한 친구들은 전보다 세심하고 꼼꼼한 성격으로 변했다고 한다. 또 내 지인의 중학생 아들은 그렇게 조용하고 내성적일 수가 없었는데 미국에 가서 2년 정도 생활을 하더니 부모도 놀랄 정도로 쾌활한 성격으로 바뀌었다.

한번은 이런 일도 있었다. 파리에 살 때 알게 된 프랑스 여교수님 중에 일본어와 한국어에 능통한 분이 계셨는데 어느 날 댁으로 저녁 식사 초대를 해주셨다. 도착해서 보니 그 자리에는 프랑스어, 영어, 한국어, 일본어를 하는 사람들이 섞여 있었다. 파티의 호스트인 만큼 교수님은 식사 준비를 도맡아 하셨는데, 프랑스 음식을 내올 때는 세상 도도한 프랑스 여성처럼 음식을 가지고 나와 남편이 식탁 차리는 일을 돕도록 지시하다가, 일본식 안주를 내올 때는 무슨 일인지 무릎을 꿇고 앉아 연신 고개를 숙이며 두 손으로 공손히 서빙을 했다.

처음엔 재미있으라고 일부러 그렇게 하시나 싶었는데, 알고 보니 그것은 오랜 해외 체류 생활과 언어 공부의 영향을 받아 자연스럽게 나온 행동이었다. 일본, 한국, 프랑스에서 골고루 인생을 살았던 교수님은 각 나라의 문화가 몸에 배어서 무의식중에 그런 행동이 나온 것 같다며 스스로도 신기해하셨다.

이런 사례들을 볼 때 언어를 배운다는 것은 새로운 문화를 온몸으로 받아들여 다시 태어나다시피 하는 것을 의미한다 해도 과언은 아닐 것이다. 이걸 뒤집어 생각하면 그 문화를 가까이 접하고 온전히 받아들이면 언어 역시 최단기간 안에 습득할 수 있다는 뜻이 될 수 있다. 따라서 지금 어떤 언어를 공부하고 있든 간에, 그 언어를 사용하는 나라의 문화와 역사, 사회적 분위기 등을 아는 일은 중요하고, 나도 모르던 나의 새로운 면모나 성격 등이 튀어나온다면 반가워해야 할 일인 것이다.

이것은 앞서 말했던 것처럼 사람마다 차이가 있는데 그 이유는 나와 전혀 상관없는 낯선 인물이 갑자기 만들어지는 것이 아니기 때문이다. 자기 안에 잠자고 있던 자아가 새로운 방식으로 살아나는 것, 즉 어느 정도 잠재되어 있던 성향이 새로운 언어와 결합하여 표면으로 드러나게 된다는 이야기이다.

달라지는 건 행동이나 성격뿐이 아니다. 각 언어별로 성대를 쓰는 방식이 다르기 때문에 어떤 언어로 말을 하느냐에 따라 목소리도 달라진다. 나는 한국어까지 포함해 5개의 언어를 구사하는데 어떤 언어로 말을 하느냐에 따라 내 목소리는 제법 다르게 들린다.

예를 들어 한국어로 말할 땐 어느 정도 격을 차리는 다소 진지한 목소리라면, 영어로 말할 땐 한국어를 할 때보다 자유로운 느낌, 스페인어로 말할 땐 한층 더 발랄하고 거침없는 느낌을 풍기는 목소리에 성량도 커지고 그것은 행동으로도 연결된다. 또 프랑스어로 말할 땐 나도 모르게 속닥거리는 듯한 말투에 콧소리가 많이 섞인, 완전히 다른 사람 같은 목소리가 나온다. 이것은 심각하게 우려할 만한 일은 아니지만 꽤 흥미로운 현상이 아닐 수 없다.

인간은 누구나 수많은 자아를 내면에 품고 태어난다. 목소리뿐만 아니라 다양한 기술이나 능력에 있어서 우리 모두는 자신도 모르는 잠재력을 지니고 있다. 다만 살면서 어떤 경험을 하느냐에 따라, 즉 외부의 자극이나 충격에 따라 그것들이 튀어나오기도 하고 영영 깨어나지 못하기도 하는 것이다.

내가 외국어 공부를 매력적으로 느끼는 이유 중의 하나는 '내 안에 잠들어 있는 또 다른 자아와 능력'을 살아나게 하는 부수적 효과가 있기 때문이다. 이것을 잘 활용하면 수많은 새로운 가능성을 주체적으로 만들 수 있고 마음에 안 드는 내 성격까지 바꿀 기회를 잡을 수 있다.

'왜 나에게서 이런 성향이 발현되는지 모르겠다', 혹은 '내가 왜 이런 말투와 목소리로 말을 하지?'라는 생각이 든다면 놀라기보다 기뻐해야 한다. 지금 열심히 공부하고 있는 언어를 제대로 흡수하고 있다는 증거일 수 있으니까.

3. 모국어를 잊어버리는 느낌이 든다.

공부를 하다 보면 외국어 실력이 더 이상 늘지 않는 것 같다는 느낌을 받는데 그치지 않고, 모국어로 말할 때 단어가 잘 생각나지 않거나 갑자기 말이 어눌해지거나 어색한 표현을 쓰는 일이 일어날 수 있다. 이유가 무엇일까? 그리고 정말 걱정해야 될 일일까?

성인이 외국어를 배우는 경우를 설명하기 전에 다국어 환경에서 자라는 아이들의 사례를 보자. 부모가 국제결혼을 해서 각기 다른 언어를 구사하는 경우 집안에서 여러 언어를 동시에 들으면서 자라는 아이들이 있다. 아니면 부모는 한 가지 언어를 사용하지만 외국에서 태어나 성장해 친구들과 있을 때 혹은 학교에서 교육을 받을 때 다른 언어를 쓰는 아이들도 있을 것이다. 이런 아이들이 주변에 있다면 아마도 그 부모들이 '우리 아이가 또래보다 말 배우는 게 느려요'라고 토로하는 것을 들어봤을 가능성이 높다.

여러 언어를 어릴 적부터 접하는 것이 긍정적인지 부정적인지에 대해서는 아직까지도 학자들 사이에서 갑론을박이 이어지고 있다. 하지만 이런 논쟁이 벌어지는 것은 대개 아이가 아직 다 성장하기 전의 일이다. 대다수의 경우 아이들이 청소년기에 접어들면 부모들은 안심하게 된다. 한 언어 환경에서 자라는 아이들보다 말이 더디거나 말을 더듬는 등의 현상을 보이는 것은 그저 잠깐의 과정이라는 것을 알게 되기 때문이다.

외국어 공부에 완전히 몰입하다 보면 이와 비슷한 증상이 성인에게도 나타날 수 있다. 갑자기 단어가 생각나지 않는다든가, 매우 어색한 표현을 쓰게 된다든가 하는 일이 생길 수 있다. 이런 경험 때문에 외국어 공부를 하는 중에 간혹 모국어 실력이 퇴보하는 것을 걱정하는 사람들도 있는데 그것은 대개 일부 단어나 표현력 위주로 나타나는 일시적 현상, 즉 언제든 다시 모국어로 독서를 하거나 토론 등에 참여하다 보면 회복될 수 있는 일이다. 성인의 경우 모국어 실력이 영영 퇴보하는 일은 모국어를 전혀 사용하지도 듣지도 못하는 환경에서 아주 오랜 시간 살아야, 이를테면 인터넷도 안 되는 외국의 산골 마을에서 외국인들과만 20년쯤 산다면 벌어질 수 있는 일이라는 것이다.

하나의 언어로 명령을 받고, 하나의 언어로만 생각하던 뇌에 다른 명령코드와 사고체계가 들어오면 뇌는 잠시 혼란스러워질 수 있다. 이때 이 둘의 자리를 제대로 배치하고 받아들이는 시간이 필요해진다. 우리의 뇌가 모국어를 완전히 내쫓기로 결정하는 것은 아니지만 일단 새로운 신호와 명령을 이해하고 그에 따라 움직이기 위해 총력을 기울이게 되면 기존의 언어에 맞춰 신속히 대응하던 체계가 잠시 느슨해질 수밖에 없는 것이다. 그러나 이것은 일시적인 현상이다. 일단 새로운 명령 코드와 체계에 적응하고 나면 모국어의 신호에도 아무 문제없이 원래의 속도로 반응하게 된다.

두 개 혹은 그 이상의 외국어를 동시에 배울 때는 더 많은 혼선이 빚어지기도 한다. 모국어와의 관계는 생각할 여유도 없이 새로 배우는 두 언어가 서로 뒤섞이는 시기가 있다.

나도 스페인어와 프랑스어를 동시에 공부할 때 이런 일을 겪었는데, 의도적으로 스페인어를 쓰려 하면 이상하게 프랑스어가 흘러나왔고, 프랑스어로 말을 하려고 하면 꼭 스페인어가 튀어나오는 일이 벌어져 당혹스러웠다. 그러나 이런 문제 역시 잠깐의 시기만 잘 버티면 자연스럽게 해결된다.

그러니 혹시 공부를 하면서 '왜 갑자기 한국말까지 생각이 안 나지?' 싶거나 '외국어 실력은 안 늘고 한국어 실력만 줄었네' 혹은 '배우는 언어들이 다 뒤죽박죽 되어가는 건가?' 싶은 일이 있어도 두려워할 필요가 없다. 이것은 단지 뇌가 교통정리를 하고 있다는 뜻이므로 오히려 이때 외국어 공부에 더 노력을 기울여 나의 뇌가 새로운 언어체계를 확실히 받아들이도록 힘을 실어주는 것이 중요하다.

지금까지 외국어를 공부하면서 의아하게 느껴지는 부분들에 대해 알아보았다. 힘든 과정을 거치지 않은 사람은 알 수 없는 짜릿한 경험들이 기다리고 있다는 것을 생각하면 한편으로 기대되고 궁금하지 않은가?

언어 공부는 비단 다른 문화권 사람의 말을 알아듣는 것에서 끝나지 않고, 내 안에 잠재되어 있는 모습을 발견하고 매 순간 새로운 도전을 할 수 있는 기회를 얻게 되는, 세상에서 가장 멋진 일 중 하나다.

나는 이 책을 집어 든 당신이 부디 인내심을 갖고, 모든 과정을 즐기면서 한 걸음씩 이 길을 잘 걸어 나갈 수 있길, 그리하여 같은 사물, 사건, 감정을 다각도로 바라보고 느끼면서 한층 더 풍요로운 인생을 즐길 수 있기를 진심으로 바란다.

혹시나 더 이상 실력이 늘지 않는 것 같아 답답하거나, 자신이 낯설어 견딜 수 없는 순간이 오거나, 모국어를 잊어버리는 것 같은 이상한 느낌이 든다면 '내가 정말 외국어 공부를 열심히 하고 있긴 하구나!', '드디어 내 외국어 실력이 제대로 늘고 있구나'라고 기뻐하기를! 이 모든 것은 당신이 새로운 세상을 향해 움직이고 있다는 긍정적 신호이니 말이다.

04

나만의
시스템을 구축하라

외국어를 빨리 배울 수 있는 가장 좋은 방법은 그 언어를 사용하는 나라에 가서 사는 것이라는 말을 들어본 적 있을 것이다. 당연히 해당 언어를 쓰는 나라에 가서 살면 어쩔 수 없이 그 언어로 가득한 세상에 노출되고, 하다못해 식당에 가서 한 끼 식사를 하거나 마트에서 장을 볼 때 억지로라도 말을 해야 하니 한국에서 공부하는 것과는 다를 수밖에 없다.

그런데 이것도 상황마다 다른 것이 미국 로스앤젤레스나 호주 시드니처럼 한인 타운이 크게 자리한 곳에 가면 온종일 영어를 한마디 하지 않아도 생활하는 것이 가능하다. 심지어 이런 곳들은 한국어 사용 인구가 압도적으로 많아 현지인들이 한국어를 배우기도 한다.

언젠가 로스앤젤레스 한인 타운의 슈퍼마켓에서 키가 훤칠한 미국 청년이 유창한 한국어로 손님을 맞이하는 모습을 보고 놀랐던 기억도 있다. 이런 환경이다 보니 이민 생활 수십 년째에 접어들었어도 주로 한국인들과 어울려 한인타운에서 생활한 사람 중에는 영어를 잘 못하는 이들이 허다하다.

스페인에서도 한국 사람과 결혼해 한국 식당을 운영하면서 한인 교회에 나가고 한국인 친구들과만 교류하며 한국 방송만 보고 살아서 30년째 스페인어 왕초보 수준에서 벗어나지 못하는 분들을 많이 봤다. 몸은 분명 지중해를 끼고 있는 이베리아반도에 머물고 있지만 주변 환경을 '한국'으로 세팅해 놓았기 때문에 한국에서 살고 있는 것과 별반 다를 것이 없고, 당연한 결과로 스페인어를 거의 못하지만 그로 인해 큰 불편함을 느끼지도 않고 있었다.

앞에 언급한 한인들의 삶에 문제가 있다고 주장하는 것은 아니다. 어디서 어떻게 살든 자기가 편하고 행복하면 그만 아닌가. 또 이민을 갔다 해도 생업이 바쁘면 언어 공부를 따로 할 시간이나 기회가 없을 수도 있다. 다만 앞에서 언급한 '한국을 그대로 옮겨 놓은 것 같은 환경 조성'은 외국어를 배우려는 사람에게는 절대 권하고 싶지 않은 생활 방식이다. 또 외국에 나가 시간을 보낸다고 해서 저절로 언어를 잘하게 되는 것이 아니라는 사실도 분명히 해두고 싶을 뿐이다. 외국에서 살아도 환경을 한국처럼 만들어 놓으면 언어 배우기가 힘들고, 반대로 한국에 있으면서도 얼마든지 외국어 공부에 유리한 환경을 조성할 수 있다는 사실을 기억하자.

아무리 외국어 공부에 남다른 열정을 갖고 있는 사람이라 해도 모국어를 사용할 때 훨씬 더 안정감을 느낄 수밖에 없다. 그렇기 때문에 편안함과 익숙함을 애써 포기하고 언어 공부를 위해 낯설고 힘든, 시행착오로 가득한 삶에 몸을 던진다는 것은 적지 않은 용기와 각오가 필요하다. 외국어를 배우는데 성공한 사람들은 적어도 스스로를 도전으로 가득한 상황에 몰아넣고 채찍질하는 각고의 노력을 해본 경험이 있는 이들이다.

세계적인 언어학자이자 철학자, 인지과학의 창시자인 놈 촘스키Noam Chomsky 박사가 한 유명한 말이 있다.

"새로운 언어를 빨리 배우는 가장 좋은 방법은 모국어를 최대한 빨리 잊는 것이다."

촘스키 박사가 하고 싶었던 말은 아마도 익숙한 언어 사용을 최대한 줄여서 뇌가 새로운 언어체계를 받아들이게 해야 한다는 것 아니었을까. 다시 말해 해외에 나가 있어도 계속해서 자기에게 편한 언어를 사용하면 새로운 언어가 저절로 머리에 들어올 기회는 묘연해지고, 해외에 있든 자국에 있든 정복하고 싶은 언어로 생활 자체를 바꾸면 성공 확률이 높아질 수 있다는 뜻일 것이다.

외국처럼 환경을 세팅하는 법

내가 영어나 스페인어를 처음 배웠던 시절만 해도 한국에 머물면서 해외 유학을 간 것 같은 환경을 조성하는 것은 거의 불가능했다. 호랑이 담배 피던 시절 같은 이야기지만 그때는 인터넷이 없었으니 우선 외국어 습득을 위한 자료가 절대적으로 부족했다. 원어민 교사를 구하는 것도 하늘의 별 따기였고 번역서나 사전의 수준도 지금과는 비교가 되지 않는 열악한 조건에서 공부를 해야 했다.

그러나 지금은 다르다. 마음만 먹으면 언어 학습에 활용할 수 있는 자료와 정보가 넘쳐나고 수많은 새로운 학습법이 등장했으며 한국에 들어와 사는 외국인의 수도 크게 늘었다. 오히려 선택지가 너무 많아 헷갈리는 시대가 되었다. 중요한 것은 주어진

조건이 아니라 능동적이고 현명하게 그것들을 활용하려는 본인의 의지에 달려 있다.

학습 자료만 개선된 것이 아니라 국가 간의 이동도 전보다는 쉬워졌지만 유학을 가거나 장기 여행을 가는 일이 모든 이에게 가능한 것은 아니다. 또한 앞에서 설명했듯이 어디로 떠나는 것만이 능사는 아니다. 그러니 '나는 해외 유학을 갈 수 없으니까' 라면서 시도조차 해보지 않고 스스로 한계를 만드는 일은 하지 말도록 하자. 이제는 그런 말이 핑계에 불과하다고 해도 될 정도로 방구석에 앉아서도 해볼 수 있는 일들이 많아졌다.

문제는 하나다. 어떻게 하면 한국에 있으면서도 외국에 가서 살고 있는 것처럼 내 삶을 세팅할 수 있을까? 이미 5개 국어에 손을 댄 마당에 지금도 틈만 나면 새로운 언어를 기웃거리며 도전하기를 좋아하는, 자타공인 언어덕후인 내가 사용하는 방법들을 소개한다.

한마디로 '나만의 일상 시스템'을 만드는 방법들인데, 사소해 보이지만 실은 매우 중요하다. 언어는 우리 삶의 중심에 있고, 언어를 통해 모든 일이 이루어지며, 자기도 모르게 사용하고 있기 때문에 머리를 싸매고 책상에 앉아 공부하는 것보다 훨씬 더 결정적인 요소로 작용할 수 있다.

1. 평소 사용하는 전자기기 및 프로그램의 언어 세팅을 배우고 있는 외국어로 바꾼다.

요즘 나오는 스마트폰, 카메라, 컴퓨터, 패드, TV, 내비게이션을 비롯한 각종 전자기기들은 다양한 언어 설정이 가능하다. 또 이메일이나 검색엔진의 언어도 한국어가 아닌, 공부 중인 외국어로 바꿀 수 있다. 이런 게 과연 도움이 될까 싶을 수 있지만 눈에 보이는 모든 것들이 모국어가 아닌 다른 언어로 세팅되어서 전화 메시지나 이메일 하나를 확인하더라도 외국어로 한 번 더 생각하는 일은 우리가 상상하는 것보다 큰 차이를 만든다.

물론 이렇게 언어 설정을 모두 바꾸면 처음에는 생활이 상당히 불편할 수 있다. 그러나 이런 불편함 정도는 외국어를 제대로 배우려면 기꺼이 감수해야 한다. 설령 언어 실력 향상에 직접적인 영향을 주지 않더라도 내가 어떤 언어를 배우고 있는지를 지속적으로 상기시켜주는 환경 설정은 의미가 있다. 나의 뇌가 새로운 언어에 대한 거부감을 줄이고 익숙해질 수 있도록 길들이는데 도움이 되기 때문이다.

2. 취미 생활이나 습관처럼 자주 하는 일을 할 때 외국어를 기본 언어로 한다.

예를 들어 운동이나 요리를 할 때 혹은 영화를 볼 때 한국어가 아닌 배우고 있는 외국어로 된 자료를 활용해보자. 홈트를 할 때도 외국인 트레이너의 영상을 보며 한다거나, 넷플릭스로 영화를 볼 때도 한국 드라마 시리즈는 존재하지 않는다 생각하고 학습 중인 언어로 된 영상들만 골라 보는 것이다.

운전할 때나 샤워를 할 때 라디오를 듣는 습관이 있다면 이것 역시 새로운 외국어를 배우는 동안에는 해당 언어의 채널로 바꿔보자. 한국에 그 언어로 된 방송 서비스가 없다 한들 무슨 걱정인가! 인터넷만 연결하면 세계 각지 어느 나라의 콘텐츠도 다 듣고 볼 수 있는 시대 아닌가.

이런 작업이 중요한 이유가 있다. 이론상으로만 해박한 것이 아니라 실제 사용되고 있는 언어를 효과적으로 습득해서 써먹을 수 있기 위해서는 그 언어를 사용하는 나라의 문화에도 익숙해져야 하는데, 일상을 이렇게 재설정하는 것은 실제로 가서 살지 않으면서도 그에 준하는 효과를 낼 수 있는 방법이기 때문이다.

드라마나 영화, 각종 토론이나 문화 정보 등을 나누는 방송, 해당 국가의 정서가 담긴 음악 등을 많이 접하면 현지에 가지 못해 발생하는 한계를 어느 정도 극복할 수 있다. 비록 멀리 떨어져 있지만 그들의 생활상을 가까이 접하면서 자기도 모르게 그 문화를 흡수하는 기회를 얻게 되는 것이다. 본인의 기본 관심사와 연결시킬 수 있다는 장점 또한 있어서 낯설고 어려울 수 있는 새로운 언어를 보다 친근하게 느끼는데 도움이 된다.

3. '외국어로 생각하는 뇌'로 전환시킨다.

외국어를 아무리 열심히 공부해도 막상 실전에서 사용하려면 브레이크를 밟은 자동차처럼 뭔가에 가로막힌 느낌이 든다는 사람들이 많은데, 그것은 이미 익숙한 모국어로 생각을 하면서 외국어로 말하려고 하기 때문이다. 그 습관의 고리를 끊고 배우고자 하는 언어로 생각하는 훈련을 하지 않으면 뇌가 모국어로 생각한 다음 번역해서 말하고, 들은 것을 다시 모국어로 번역하는 동안 지체되는 시간과 어색한 번역의 문제를 해결하는 것은 불가능하다. 그래서 나는 최대한 '외국어로 생각하는 뇌'로 전환시키기 위한 셀프 트레이닝에 힘을 쏟는다.

예를 들면 사전을 바꾸는 것이다. 수시로 펼쳐 보는 사전을 해당 언어로만 된 것으로 바꾸는 일은 생각보다 큰 변화의 시작이 될 수 있다. 예를 들어 한영, 영한사전을 보는 대신 영영 사전을 사용하는 식이다.

어떤 언어를 배우느냐에 따라 사전을 구하기 힘들 때도 있다. 그럴 땐 사이트 워드레퍼런스 wordreference.com를 활용한다. 이 사이트는 외국어 단어를 그 언어로 해석해 놓은 사전의 기능뿐 아니라 동의어를 찾아보거나 여러 언어를 교차해 단어를 찾고 비교하는 것도 가능해 쓸모가 많다. 한국어로 해석해주는 사전을 사용하는 대신 구글에서 알고 싶은 외국어 단어를 검색하기만 해도 좋다. 줄줄이 따라 나오는 다양한 정보를 쭉 살펴보는 사이 자기도 모르게 그 언어로 생각하는 훈련을 하게 된다.

4. 하루의 시작과 마무리를 배우고 있는 언어로 한다.

나는 아침저녁으로 명상하는 것을 즐긴다. 심신의 안정도 찾아주고 동시에 에너지도 채울 수 있는 명상은 여러모로 현대인들의 삶에 도움이 되는데 몇 년 전 번아웃 증상을 느꼈을 때 그 치유의 힘을 확실히 실감했다.

명상이란 결국 우리의 의식을 현재로 끌어들이는 일을 말한다. 대부분의 사람들은 자기도 모르게 무의식에 이끌려 과거의 불행에 얽매이거나 아직 벌어지지 않은 미래의 일들에 신경이 팔린 채 살아간다. 이런 일을 방지하기 위해 '의식적으로' 현재 자신의 마음 상태를 고요히 들여다보는 훈련을 하는 것이 바로 명상이다.

이러한 명상을 외국어 공부와 접목하는 것, 즉 가장 깊은 나의 '의식'과 편안하게 마주하는 시간에 외국어를 접하는 것은, 만약 나의 뇌가 컴퓨터라면 '이 언어도 네가 받아들이고 이해해야 하는 신호란다'라면서 설정을 바꿔 재부팅 해주는 것과 같다.

그래서 나는 눈을 뜨자마자 첫 일과로, 그리고 자기 직전 침대에 누워 명상을 할 때 외국어로 된 콘텐츠를 찾아 듣는다.

명상을 하지 않는다면, 의식과 무의식 사이를 오갈 때 '듣기'를 통해 외국어를 접하는 것으로 대체 가능하다. 잠에서 깨어나거나 잠드는 순간, 혹은 얕은 잠에 빠져있을 때를 활용하는 것이다.

이때 머릿속에 입력되는 정보는 추후에 반복 학습을 했을 때 몇 배 더 잘 기억할 수 있다는 실험 결과들이 있다. 한 예로 세계적인 과학 저널 〈네이처 커뮤니케이션즈Nature Communications〉에 발표된 프랑스 토머스 안드리옹Thomas Andrillon 박사팀의 연구 결과에 의하면 '얕은 수면 단계에서는 뇌의 학습이 가능하다'고 한다. 자는 동안 들었던 내용을 깨어나서도 기억하는 경험을 종종 하게 되는데 그것이 일종의 수면 학습 효과를 발휘하기 때문이라는 것이다. 얕은 수면 단계에 있을 때 들은 것은 비교적 쉽게 기억하고, 잊어버렸더라도 다시 들으면 더 잘 외워진다는 의미다.

따라서 꼭 명상이 아니더라도 살짝 잠이 든 것과 같은 편안한 마음과 정신 상태일 때 혹은 잠에 들거나 깨어날 때 외국어를 듣는 것은 좋은 방법이 될 수 있다.

언어는 인간이 살아가는데 반드시 필요한 자기 표현과 소통을 책임지며 우리 삶의 중심을 관통하는 중요한 요소이다. 우리의 일상 구석구석, 깨어 있는 모든 시간은 언어로 채워져 있다. 사소해 보이는 노력들이야말로 큰 변화를 만드는 밑거름이며 자신만의 시스템을 구축하는 일은 자율적인 언어 학습을 성공적으로 이끄는데 한몫을 한다. 다소 귀찮고 불편하게 느껴지더라도, 현지에서 언어 공부를 하는듯한 환경을 조성하는 것은 자기 자신을 위해 꼭 해야 하는 일임을 잊지 않길 바란다!

05

지금까지 알던
학습법은 다 버려라

'오랜 세월 열심히 영어 공부를 해왔는데 왜 입도 뻥긋하기 힘든지 모르겠다'며 결국 백기를 드는 분들을 주변에서 많이 본다. 혹시 '난 언어에 소질이 없나 보다'라고 낙심해본 경험이 있는가? 외국어 공부를 하다 보면 나는 과연 어디쯤에 있는 것인가 하는 회의감이 밀려오면서 방향을 잃은 것처럼 느껴질 때가 있기 마련이다.

그런 위기를 맞이한 사람들이 조언을 구해오면 난 외국어 공부를 '새로운 종목의 운동을 배우는 일'에 비유해 생각해 보라고 얘기해주곤 한다. 그 둘은 놀라울 정도로 유사점이 많은 까닭이다.

외국어 공부와 스포츠 사이에 어떤 공통점이 있을까? 축구를 예로 들어보자. 만약 운동장에서 공 차는 훈련은 하지 않으면서 책으로 축구 기술을 배우면 어떻게 될까? 아무리 많은 것을 알고 있다 해도 그 선수가 과연 필드에 나가 곧바로 실력을 발휘할 수 있을까? 어떻게 공을 다루고 언제 패스를 해야 하며 골 넣는 순간을 판단하는 등의 실전 기술을 '머리로' 배운 다음, 운동장에 나가 단번에 실행하는 것은 불가능하다. 브라질이나 아르헨티나 같은 나라들이 세계적으로 이름을 날리는 걸출한 선수들을 배출해내는 비결이 무엇인지 살펴보면 언어 공부를 성공으로 이끌기 위한 결정적인 단서를 찾을 수 있다.

라틴 아메리카 국가들을 여행해 본 사람은 잘 알 것이다. 골목마다 시도 때도 없이 공을 차고 노는 아이들의 모습을 정말 흔하게 볼 수 있다는 걸 말이다. 그 배경에 대해선 워낙 가난하다 보니 별다른 오락거리가 없어서라는 씁쓸한 분석도 있지만, 이유가 어찌 되었든 체계적인 교육이나 훈련을 받지 않았어도 중남미 국가 출신의 선수들은 누구보다 실전에 강하다.

그들에게는 축구를 '도전이나 경기'가 아닌 '놀이'처럼 보이게 만드는 재주가 있다. 제아무리 중요한 경기라도 젖 먹던 힘을 다해 뛰어서 이겨야만 하는 일종의 시험대라고 생각하는 이는 없는 것 같다. 그들은 축제의 현장에 합류한 듯 흥겹고 리드미컬하게 움직여 순식간에 상대의 골문을 무너뜨리는 축구의 달인들이다. 오죽하면 삼바축구라는 말까지 나왔을까.

외국어를 배울 때는 바로 그렇게 '이론과 원칙에 목숨 걸지 않고 즐기면서 공을 차는 짜릿한 라틴 축구'를 염두에 두면 된다. 평생 책과 씨름하고도 외국인이 나타났을 때 피하고 싶은 마음을 갖지 않으려면 효율적으로 이론 공부를 마친 다음, 최대한 빨리 그리고 많이 실전 경험을 해야 한다. 축구를 잘하려면 넘어져 다치거나 골을 먹더라도 신바람 나게 운동장을 가르며 뛰어야 하는 것처럼. 공식에 대입하듯 공을 차는 것이 아니라 육감적으로 느껴지는 신호에 따라 움직이며 시행착오를 통해 기술을 익혀 나가야 하는 것처럼.

외국어도 마찬가지다. 책 속에 담겨 있는 문자들이 아니라, 사람의 입과 귀를 통해 오가며 만들어지고 소멸하는 '살아 있는 언어'를 오감을 활용해 체득하며 배워야 한다. 이런 공부 과정은 즐거울 수밖에 없고, 재미를 붙이면 실력도 빨리 느는 법이다. 마치 삼바 축구처럼 한바탕 논다고 생각하고 임해야 지속적인 동기 부여를 받으면서 외국어를 배우는 일이 가능해진다.

말하기와 듣기를 못해도 글을 이해하고 쓸 수 있으면 뜻을 전달하는 데에는 문제가 없지 않느냐고 반기를 들 수도 있겠지만 그건 반쪽짜리에 불과하다. 실제로 누군가와 말로 소통할 수 없다면 언어를 힘들게 배우는 이유 자체가 무색해지기 때문이다.

나도 예전엔 미처 몰랐지만, 각고의 노력으로 다수의 언어를 구사하게 된 지금에 와서 보니 예전에 학교에서 외국어를 배우던 방식은 절대 최선이 아니었던 것을 알겠다. 물론 지금껏 거쳐온 학교와 선생님들을 비하하는 말은 절대 아니다. 선생님들은 주어진 환경에서 최선을 다하셨고 나는 나름대로 좋은 교육을 받으며 성장했으니까. 하지만 온몸으로 여러 외국어를 배워본 사람으로서 뼈저리게 느낀 점을 솔직히 고백하건대, 외국어 공부에 있어서 '문법과 시험 위주'의 교육방식은 정말 최악이다.

각국의 학생들이 공부하는데 투자하는 평균 시간을 비교하면 대한민국은 단연 세계 1위이다. 대학 가는데 결정적인 역할을 하는 영어 공부에 쏟아붓는 시간도 당연히 엄청나다. 그뿐인가. 대학에 간 이후에도 우리는 영어 공부를 멈출 수가 없다. 우선 취업을 위해 필요하고, 입사 후에도 승진을 하는 등의 유리한 기회를 잡으려면 잠을 줄여가며 끊임없이 공부를 해야 한다. 이런 강박 때문에 파김치가 되어서도 영어책은 차마 놓지 못하거나 제대로 다니지도 못하면서 마음의 안정을 위해 끊임없이 학원에 등록하는 이들이 수두룩하다.

육아를 하는 사람들도 사정은 마찬가지다. 아이들 공부를 도와주려면, 혹은 엄마의 체면을 구기지 않으려면 영어 공부에 대한 미련을 버리기 힘들다. 그런데 왜 이토록 많은 시간을 영어 공부에 투자하는데도 영어에 자신 있다는 사람은 보기 힘들까? 어째서 외국인 앞에 서면 말문이 막히고 작아지기만 하는가?

많은 이들이 외국어를 못하는 이유가 때를 놓쳐서라고 하소연하는데 그 점에 있어서도 동의하기가 힘들다. 타이밍을 놓친 것이 아니라 실제로는 잘못된 학습법으로 시간을 낭비했을 가능성이 높다.

그래서 나는 힘주어 외치고 싶다. 외국어를 정말로 잘하고 싶다면, 그동안 알고 있던 '책상 앞에 앉아 이론서를 펼치는 학습법'들은 더 늦기 전에 당장 내다 버리라고, 지금이라도 학습법을 바로잡으라고, 그러면 누구나 인생의 어느 시기에 있든 외국어의 달인이 될 수 있다고 말이다.

기존 외국어 학습법의 문제

만년 영어 공부에 매달렸으면서 제자리걸음만 하는 가장 근본적인 원인이 학습법 때문이라는 것을 이해하고 공감하는가?

그렇다면 망설이지 말고 과감하게 학습법을 바꾸는 것이 다음 순서이다. 외국어 공부를 포함해 어떤 일이든 결국 해내는 사람과 그렇지 못하는 사람의 차이는 딱 2가지이다.

- 문제가 있다는 것을 인식하고 그것을 바꾸는 일을 실행에 옮기는지, 옮기지 않는지.
- 어려운 순간에 봉착하더라도 포기하지 않고 끝까지 가는지, 가지 않는지.

알고 보면 이렇게 간단한 문제인데 성공하는 이가 드문 이유는 놀랍게도 많은 사람들이 문제 인식을 하고서도 변화를 위해 필요한 일들을 실천하지 않기 때문이다. 당연한 얘기겠지만 행동으로 옮기지 않으면 아무 일도 일어나지 않는다. 그렇다면 효율적인 학습법을 찾기 위해 무엇부터 해야 할까? 우선 과거 학습법에 어떤 문제가 있었는지 생각해보는 일이 시작일 것이다.

내가 생각할 때 기존의 언어 학습법에서 가장 큰 문제는 '듣기와 말하기를 등한시한다'는 사실이다. 앞서 폴리글롯들의 공통점을 다루는 부분에서 그들은 새로운 언어를 배우는 초기단계부터 즉 문법, 어휘를 익힐 때 아니 심지어 알파벳을 배우기 시작할 때부터 곧바로 듣기와 말하기 훈련을 시작한다고 언급했다.

그런데 우리나라의 학교나 학원에서는 대부분 그와는 거리
가 먼 방식으로 외국어 교육을 한다. 대학 입시, 자격증, 시험 점
수 등을 목표로 하다 보니 당장 문제 풀이를 잘하기 위한 이론
이 우선시 된다.

그러나 수년간 아주 상세한 문법을 배우고 시험 문제를 푸는
기술을 배우면서, 듣기와 말하기는 마치 모든 문법과 어휘, 독
해 실력 등이 완성된 후에야 해볼 수 있는 일인 것처럼 뒤로 미
루는 교수법에는 심각한 문제가 있다. 언어에 있어서 읽기, 쓰
기, 듣기, 말하기는 따로따로 구분해서 배울 수 있는 것이 아니
고, 굳이 순서를 정해야 한다면 오히려 듣기와 말하기가 우선되
어야 하기 때문이다.

또 한 가지 기존 학습법의 큰 문제는 '책 속에 있는 언어와 실
제로 쓰이는 언어의 거리가 너무나 멀다'는 사실이다. 학교에서
몇 년씩 외국어를 열심히 공부하고도 실제 그 언어를 쓰는 나라
에 가면 한마디도 알아듣지 못하고 입을 떼지 못해 느끼는 황당
함과 허무함은 아마도 수많은 사람들이 공감할 수밖에 없을 것
이다. 이건 다른 말로 하면 아무짝에도 쓸모없는 것을 배워왔다
는 얘기와 같다.

이쯤에서 언어의 속성을 생각해 볼 필요가 있다. 인간은 태어

나면 자연스럽게 말을 배우는 과정을 거친다. 이것은 선택이 아니라 필수이다. 자신의 의사를 전달하고 상대의 말을 알아듣고 학교를 다니고 친구를 사귀고 일을 하는 등 말 그대로 생존하기 위해 어떤 방식으로든 언어라는 도구를 사용해야만 하는 것이다. 여기서 가장 중요한 포인트는 언어가 '도구'라는 것이다. 다시 말해 그 용도에 맞게 쓰이지 않으면 존재의 의미가 없어지는 물건과도 같다.

예를 들어 제품이 고장 나서 수리할 도구를 샀다고 치자. 완벽한 사용설명서와 다양한 부품이 있어도 실제로 작동이 안 된다면 이 도구를 산 것은 좋은 선택이었을까? 이런 건 평생 갖고 있어봤자 무용지물이다. 차라리 곧바로 내다 버리고 문제를 제대로 해결하는데 도움이 되고 쓸모가 있는 물건을 다시 사는 게 나을 것이다.

이런 맥락에서 사람들과 실제 소통을 하는데 쓰이는 언어가 아니라, 책 속의 세상에만 존재하는 지식과 표현은 사용할 수 없는 부품만 잔뜩 딸려 온 도구와 같다.

어떻게 외국어 공부를 해야 하는가

애초에 왜 언어 공부를 하는가에 대해 생각해보자. 하나의 외국어를 배우는 일은 그 언어로 의미를 전달하는 방식과 체계, 즉 주요 문법 규칙과 구조를 파헤치고 이해하는 것을 넘어 실생활에서 사용할 수 있는 단계에 이르러야 의미를 갖는다.

다시 말해 그 언어를 길거리에서, 식당에서, 회의에서, 친구들과의 파티에서 쓸 수 있어야 한다. 우리는 그 언어로 감정을 표현하고 상대의 말을 이해하고 누군가를 설득하고 감동을 주고받을 수 있길 원한다. 완벽하지 않더라도 핵심을 효과적으로 전달할 수 있어야 하고, 이론이라는 상자에 갇혀 진짜 표현들과 담을 쌓아서는 안 된다. 구슬이 서 말이라도 꿰어야 보배라고 아무리 지식이 많아도 입으로 나온 후 누군가의 귀로 들어갔을 때 어떤 의미를 전달하지 못하면 그것은 언어의 기능을 상실한 것과 같다. 따라서 결론은 간단하다.

1. 책에 의존하지 말고 생생한 언어를 접할 수 있는 학습 방법을 선택하라.
2. 문법 등 기초지식을 쌓는 일은 중요하지만 여기에만 얽매이지 마라.
3. 듣기와 말하기를 나중으로 미루지 마라.

어린아이들이 언어를 처음 배울 때와 같이 일단 한마디라도 하고 무엇이라도 들어야 한다. 또 듣기, 말하기, 읽기, 쓰기, 이 4가지 영역의 균형을 늘 생각해야 제대로 언어를 습득할 수 있다.

이 3가지를 실천한다는 목표하에 구체적인 실행 계획을 세우고 그에 맞는 교재와 자료들을 선택해 공부하면 기존의 학습 방법 때문에 가로막혀 있던 벽을 뛰어넘어 진짜 언어를 구사할 수 있게 된다.

평생 책을 끼고 살고도 입 한번 뻥긋하지 못하는 엉터리 외국어 공부는 이제 그만하자. 기존의 학습법이 생생한 언어를 접하는 것과 거리가 멀었다면 과감히 집어던지고 진짜 언어를 배우자. 올바른 학습 방법을 택해 일정 기간 동안 지속적인 노력을 할 수 있다면 이미 늦은 때란 존재하지 않는다. 약간의 용기와 실행력이 있다면 늘 꿈꾸던 그 일은 머지않아 당신의 현실이 되어 있을 것이다.

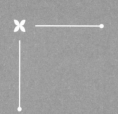

03
PART

100일 법칙 1단계

기초 쌓기

실수를 두려워하지 말아야 하는 정도가 아니라
실수를 많이 할수록 더 빨리 배울 수 있다.

01

계획 세분화와
교재 선택법

이제부터는 지난 30년간 여러 외국어를 꽤 흡족한 수준으로 끌어올리기까지 갖은 노력과 시행착오를 거치면서 터득한 노하우에 대해 본격적으로 소개해보려고 한다. 내가 제안하는 공부법은 '100일'의 시간을 정해 놓고 실천하길 추천하며 이 책의 〈PART 3〉, 〈PART 4〉, 〈PART 5〉에 걸쳐 자세히 설명할 예정이다. 〈PART 3〉은 기초공사를 튼튼히 하는 법, 〈PART 4〉는 뼈대를 세우고 실력을 쌓는 법, 〈PART 5〉는 공부 습관을 완성해 앞으로도 혼자서 꾸준히 할 수 있도록 하는 방법에 관해 다루게 될 것이다.

본론으로 들어가기 전에 분명히 해두고 싶은 것들이 있다. '속성으로 말문이 트이게 만들어주는 수업', '30일 만에 영어 완성'과 같은 솔깃한 광고 문구는 2주 만에 미스코리아 몸매를 만들어 준다는 다이어트 약 선전과 다를 바 없다. 다이어트는 약간 달라서 급속하게 살을 빼는 경우가 더러 있으나 그 역시 거의 백발백중 요요 현상이 오게 되어 있다.

이런 달콤한 광고 문구들의 가장 큰 오류는 '완성'이라는 단어 선택에 있다. 언어 공부에 완성이란 없기 때문이다. 언어는 세상의 변화와 함께 끊임없이 진화하기 때문에 배움에는 끝이 없다. 따라서 외국어를 배울 때는 가장 먼저 '완성'이란 개념은 존재하지 않으며 한 술에 배부를 것이라는 기대를 하지 말아야 된다는 사실을 받아들이는 게 중요하다. 이것은 각자가 원하는, 그리고 현실적으로 가능한 목표가 어디까지인지를 확실히 알아야 한다는 것을 의미한다.

당장 유창한 언어 능력자가 될 것처럼 유혹하는 선전 문구들이 지닌 또 하나의 허점은 그들이 내세우고 있는 짧은 기간이다. 하루아침에 신들린 듯 말이 터져 나오는 신통방통한 일은 외국어 공부에서 일어나지 않는다. 작정하고 공부를 했든 자기도 모르는 사이 그 언어에 노출이 되었든 입력된 만큼 결과가 나오게 되는 불변의 원칙상 최소한의 투자 시간은 반드시 필요하다. 언어마다 반드시 습득해야 하는 기본 지식이 있는데 그걸 한꺼번에 머릿속에 구겨 넣는 일은 불가능하기 때문이다. 따라서 앞에 언급한 문구들은 미사여구에 불과하다 말할 수 있다.

외국어를 공부하려는 저마다의 이유가 다르고 어느 수준까지 배우겠다는 생각도 천차만별인데 그 짧은 시간 안에 만족스러운 지점에 다다를 수 있다고 단정 짓는 일이 어떻게 가능하다는 말인가? 그렇다면 이 책은 왜 '100일'이라는 기간을 제시하고 있는 걸까? 나는 결코 100일을 채우면 언어를 완벽하게 구사하는 기적이 일어난다고 주장하는 것이 아니다. 나는 나처럼 외국어에 대한 열정을 지닌 사람들에게 솔직하고 현실적인 조언을 해주고 싶다.

다시 한번 강조해 말하지만 100일 만에 외국어를 완성하는 것은 불가능하다. 다만 좋은 계획과 학습법을 정해 중도 포기하지 않고 실행할 수 있다면 이 시간은 홀로서기를 할 수 있는 수준에 도달하기에 충분하다. 100일은 언어의 달인이 될 수 있는 시간이 아니라, 언어 실력에 속도를 붙여 가면서 혼자서도 학습을 지속해 나갈 수 있는 지점까지 끌어올리는 시간을 뜻한다. 마치 자전거 타는 법을 배울 때 보조바퀴나 뒤에서 잡아주는 사람 없이 혼자 탈 수 있는 자신감과 실력을 갖추는 정도랄까? 일단 혼자 중심을 잡을 수 있게 된 다음에는 불안한 마음에 누가 옆에 있길 바랄 뿐이지 본인 스스로 페달을 많이 밟는 것만이 답인 것처럼 외국어 공부도 마찬가지다.

그럼 이제 100일 프로젝트 중 첫 30일을 어떻게 보내야 하는지에 대해 자세히 알아보자. 첫 한 달간 해야 하는 일들은 한마디로 꼭 필요한 도구를 마련하고 워밍업을 하는 것이다. 그중에서도 가장 먼저 선행되어야 하는 일은 본인의 언어 공부 목표에 딱 맞는 계획을 세우는 일이다.

꾸준한 노력이 일정 기간 계속 되어야만 해낼 수 있는 일이니만큼 작심삼일이 되지 않도록 나만의 원칙들을 수립해야 한다. 무리가 되지 않는 한도 내에서 촘촘한 계획이 필요하다. 100미터 달리기가 아니라 마라톤을 한다 생각하고 적당한 페이스를 유지하며 달려 나갈 코스의 밑그림을 그려 두는 것이다.

계획이 반이다

계획을 대강 짜는 사람들이 많지만 계획 세우기는 생각보다 훨씬 중요하다. 방향을 잃거나 시간을 허비하기 쉬운 나 홀로 공부에 있어서 나침반이자 기준이 되어주기 때문이다. 탄탄한 로

드맵과 실현 가능한 계획이 열정과 더해질 때 비로소 그 노력은 결실을 볼 수 있다. 그 다음에는 나에게 꼭 맞는 교재와 선생님을 선정하고, 읽기, 쓰기, 듣기, 말하기 각각의 영역에 맞는 가장 효율적이고 효과적인 학습법을 실행해 나가야 한다.

1. 최종 목표 지점을 다소 먼 미래의 시점으로 설정하라.

계획을 열심히 세우는데도 늘 실패하는 사람들의 가장 큰 문제점은 '나태 지옥'에 떨어질까봐 지나친 걱정을 하는 것이다. 그런 사람들은 너무 부지런하고 의욕이 넘쳐서 과한 욕심을 부려 계획을 세운다.

참 이상하게도 실현 불가능한 계획을 세울수록 이미 실행을 한 것 같은 착각을 하게 되고 뿌듯함을 느끼게 되는데 이건 오래 가지 못한다. 처음 며칠은 어렵지 않게 지키겠지만 피치 못할 사정이 생겨 뭔가 하나 흐트러지기 시작하면, 혹은 생각보다 눈에 띄는 변화가 없을 경우 열정의 크기만큼이나 급속도로 힘이 빠지게 된다.

성공의 비결은 목표 지점을 멀리 두고 실천할 수 있는 계획을 세우는 것인데, 의욕이 과한 사람들은 단기 목표를 세우고 무리하게 질주하는 방식을 택해 반대로 하는 셈이니 당연히 실패 확률은 올라간다. 많은 사람들이 1년의 시간은 과대평가하고 일생이라는 시간은 과소평가하는 경향이 있다. 이 사실을 염두에 두면 훨씬 편한 마음으로 계획을 세울 수 있다. 최종 목표 지점을 다소 멀어 보이는 미래의 시점으로 설정하면 모든 것이 달라진다는 의미다.

예를 들어 당장 다음 달이나 1년 후가 아닌, '5년 후'에 '영어 뉴스를 자막 없이 듣고, 번역기를 쓰지 않고도 해외 여행을 하며, 외국에 있는 직장에 취직하는 것'을 최종 목표로 세웠다고 가정해보자. 빠른 시일 안에 실력이 드라마틱하게 성장해 영어 단어가 모두 귀에 들어오고 말이 터져 나오는 것을 기대하면 외국어 달인의 꿈이 못 넘을 산처럼 보이지만, 충분한 시간이 지난 시점에서 전체 그림을 보면 얼마든지 해낼 수 있는 일이라는 것을 알 수 있다. 영어 공부 자체가 아니라 '조급한 마음'이 걸림돌이었다는 것을 깨닫게 되는 것이다.

최종 골인 지점을 정한 다음에는 시간을 작은 단위로 쪼개 반드시 해낼 수 있는 분량의 공부 계획을 촘촘히 세우고 꾸준히 실천하는 것이 중요하다. 이 모든 것에 불을 붙이는 과정이 바로 '100일 공부법'인데, 첫 100일의 과제를 잘 수행하고 홀로서기에 성공하면 그 이후의 과정은 훨씬 더 쉽고 재미있어진다. 넘어지거나 속력이 줄어도 만회할 수 있는 시간이 얼마든지 있다는 것을 알고 있기에 세심하게 설정해 둔 표지판을 보면서 자신감과 확신을 가질 수 있어 불안한 마음을 거둘 수 있다.

2. 계획 설정은 '큰 것부터 작은 것' 순으로 하라.

계획을 세울 때는 순서가 중요하다. 가장 큰 항목을 정하는 일에서 출발해 점차 작은 단위로 내려가는 것이 요령이다. 가장 먼저 다음과 같이 분명하고 큰 틀을 짜는 일을 해야 한다.

- 2년 후에 영어 토익 점수 800점 받기
- 3년 후에 자막 없이 영어 뉴스 보기
- 5년 후에 글로벌 회사에 취업하기

쉽게 말해 하루에 단어를 몇 개 외울 것인가 등의 문제는 나중에 생각해야 한다는 것이다. 전체 그림을 설계하지 않고는 세부적인 학습 계획을 세워도 그것이 정말 쓸모 있는 것인지 판단하기 어렵다.

예를 들어 '자막 없이 영어 뉴스 보기'라는 큰 목표를 세웠다 가정하고 가상의 계획을 함께 세워보도록 하자. 제일 먼저 생각해야 할 것은 '영어 뉴스를 듣고 이해하려면 어떤 능력을 키워야 할까?' 하는 것이다. 아마도 '어휘, 듣기 실력, 시사 상식'이 가장 중요할 것이다. 이 3가지를 구체적인 학습 항목으로 정한 다

1단계 (목표)	2단계 (학습 항목 정하기)	3단계 (실천 방법 세분화)
자막 없이 영어 뉴스 보기	어휘	• 최신 시사 영어단어 공부 • 영어 패턴 학습 • 단어장 만들기
	듣기	• 뉴스 채널 앱 설치 • 간추린 뉴스 서비스 구독
	시사 상식	• 한국어로 번역된 외신 뉴스 자주 보기 • 시사상식 공부

음에는 각 영역에서 실력을 다지기 위해 무엇을 어떻게 할지를
고민해야 한다.

먼저 어휘의 경우, 뉴스에 등장하는 전문 용어가 많으므로 시
사에 관련된 단어들을 집중적으로 공부하는 것이 좋지 않을까?
이때 구글 검색을 하거나 최신 시사 영어단어를 정리해 둔 책자
를 구해볼 수도 있다. 뉴스에는 일정한 패턴이 있으므로 영어 패
턴을 공부하는 것도 도움이 될 수 있다. 이왕이면 단어장도 만들
면 좋을 것이다.

다음은 듣기 연습이다. 무엇보다 영어 뉴스를 수시로 들어야
하니 휴대전화 앱을 활용하면 유용할 것이다. 다양한 뉴스 채널
의 앱을 설치해 틈나는 대로 실시간 뉴스를 듣거나 관심 가는
카테고리의 뉴스를 찾아 듣고, 속보나 간추린 뉴스를 받아보는

서비스도 신청해볼 수 있다.

끝으로, 뉴스라는 콘텐츠의 특성상 영어 실력과 더불어 일반 시사 상식도 필요할 것이다. 한국어로 번역된 외신 뉴스를 많이 접하고, 시사상식 공부도 병행하는 것이 좋겠다.

이런 식으로 가장 큰 목표를 설정하고 그것이 가능하도록 하기 위해 무엇이 필요한가, 그 능력을 키우려면 무엇을 해야 하는가, 구체적인 과제들을 해내려면 어떤 자료나 툴이 필요한가 등을 점점 세분화된 단계로 파고들면서 계획을 세워야 탄탄한 결과물이 나올 수 있다.

무엇을 해야 하는지 알아보기도 쉽고, 실행을 하면서 문제점을 체크하거나 수정하기도 편리한 계획표를 세우고 싶다면 반드시 이런 순서로 접근하길 당부하고 싶다. 집을 짓기 위한 건축 설계도를 그릴 때도 전체적인 구도부터 잡고 세세한 디테일로 가야 하는 것과 같은 원리다. 큰 그림을 고려하지 않은 상태에서 가구부터 덜컥 들여놓거나 내키는 대로 벽을 허물었다가는 비효율적이거나 큰 허점을 지닌 공간이 탄생할 가능성이 높다.

3. 실천 방법을 스케줄에 넣어라.

3단계까지 실천 방법을 세분화했다면 그 방법을 일상으로 가져오자. 예를 들어 '영어 뉴스 편하게 보기'가 목표인 대기업 직장인 김 씨가 있다고 가정하고 계획을 세워보자. 어휘와 듣기 실력을 늘리기 위해 '1주일에 듣기 5시간과 어휘 30개 암기'를 구체적 목표로 정한 다음 어떻게 분배할 것인지를 최대한 세분화해서 기록해두는 것이 요령이다.

우선 듣기의 경우 1주일에 5시간을 투자한다면 주말을 제외하고 하루 1시간씩이므로, 월요일부터 금요일까지의 스케줄을 확인하면서 어디에 그 1시간을 끼워 넣을 것인지를 정하면 된다.

월 회사 업무와 회의가 많지만 칼퇴를 할 수 있는 날이니 동료와 간단한 저녁을 먹고 집에 와서 좋아하는 문화 분야의 BBC 팟캐스트를 듣는다.

화 업무가 비교적 한가한 날이니 점심 약속을 피하고 샌드위치를 간단히 먹은 다음, 회사 도서관에 가서 이어폰을 끼고 텍스트를 보면서 오디오북을 듣는다.

수 저녁에 헬스장에 가는 날이니 근력 운동을 할 때는 팝송을 듣고, 러닝머신을 하면서 CNN 뉴스를 본다.

목 퇴근 후, 집에서 저녁을 먹으며 TED 강의를 듣는다.

금 친구를 초대해 함께 영드, 미드 혹은 영어로 된 영화 한 편을 본다.

이런 식으로 아주 구체적인 계획을 세우고 실행해야 한다.

어휘도 마찬가지다. 1주일에 30개면 하루 6개니까 출근 때 2개, 점심시간에 2개, 퇴근할 때 2개씩 외우기로 하고 매주 암기할 단어를 미리 선정해 두는 방식으로 실천하면 절대 부담스럽지 않다.

4. 계획은 여유 있게 세워라.

계획표를 완성하고 실행하다 보면 애초에 생각했던 대로 못하게 되는 것들이 반드시 생기게 마련이다. 사람이기 때문에 의지만으로는 조절하기 힘든 컨디션의 문제가 발생할 때도 있고, 공부가 잘 안 되거나 단순히 하기 싫은 날도 있다. 또 피치 못할 일이 생길 수도 있다.

만약의 상황을 고려해서 여유 시간을 빼두어야 탄력적으로 계획을 수정, 보완하는 것이 가능하다. 이런 여유 시간은 계획한 바를 잘 지키게 되었을 때는 추가 공부를 하는데 쓸 수 있는 보너스 시간이 되고, 반대의 경우엔 전체적인 틀을 전부 다시 짜야 할 위험을 줄여준다. 그래서 너무 빡빡하지 않게 충분한 여유 시간을 확보해 계획을 세우는 것은 결과적으로 목표에 더 빨리 갈 수 있는 길이라는 점을 꼭 기억해두자.

또 매일 최소 분량의 공부를 해야 하지만 일주일 중 하루 이틀 정도는 비워 놓았다가 그 시간에 무언가를 배웠다면 스스로 칭찬하고 보상하는 것이 효과적이다.

이와 같이 작은 목표를 세우고 이루는 것, 또 그것을 동력 삼아 더 큰 목표를 향해 나아가는 것을 영어로는 'small wins'라고 한다. 작은 성공이 모이면 자연스럽게 큰 성공이 되는 법, 궁극적으로 어디를 향하고 싶은지를 마음속에 품은 상태로 작은 성취를 쌓아가는 것은 훌륭한 공부법이다. 외국어 공부에서는 이렇게 단계별로 만족을 느껴 동기 부여가 될 수 있도록 하는 장치들과 다양한 방식으로 활용 가능한 여유 시간을 확보해 두는 것이 정말 많은 도움이 된다.

교재 선택법

이번에는 교재 선정 요령을 살펴보자. 조금은 의외겠지만 전체적인 디자인이 마음에 들어야 한다. 책의 크기 혹은 두께가 어느 정도인지, 펼쳐 놓고 보기에 편한지, 디자인과 글씨가 눈에 쉽게 들어오는지 등을 살피는 것이다.

외국어 공부의 교재는 자기도 모르게 손이 가야 하고 가까이 두고 싶은 마음이 들어야 한다. 실제로 늘 손에 붙어 있다시피 해야 하기 때문에 레이아웃이 조잡하거나 복잡해서 원하는 내용을 찾기 힘들고, 쳐다보기만 해도 머리가 아프거나 뭔가가 불편하다면 우선순위에서 제하는 것이 좋다.

다음으로는 책을 펴낸 저자와 출판사를 확인해보자. 나 같은 경우는 특히 저자가 내가 공부하고 싶은 분야 즉 회화면 회화, 번역이면 번역 등 특정 분야에서 신뢰할 만한 경험을 했는지를 먼저 살핀다.

외국어의 경우 저자가 아무리 뛰어난 이론을 펼치는 사람이라 해도 스스로 그 언어를 성공적으로 습득해 사용한 경험이 없다면 그의 이론은 무용지물이라고 할 수 있다. 논문을 잘 써서 박사학위가 몇 개 있다 한들 외국인 앞에서 꿀 먹은 벙어리가 되는 사람이 쓴 책을 사서 공부하는 건 정말 추천하고 싶지 않다. 아무리 훌륭한 이력의 소유자라 해도 그 저자가 알려주는 외국어의 비법이 무슨 소용 있단 말인가?

내가 교재를 선택할 때 까다로운 기준으로 삼는 또 한 가지는 예문과 요점 정리 부분이다. 대개 이 부분을 간과하곤 하는데 요점 정리와 예문은 의외로 외국어 교재의 퀄리티를 좌지우지하는 아주 중요한 요소이다. 물론 본문의 내용이 중요한 것은 말할 필요도 없다. 본문이 간결하면서도 핵심을 빠짐없이 담고 있는지, 이해가 잘 되도록 쉽게 설명되어 있는지 등은 당연히 점검해야 한다. 하지만 언어는 실제로 어떻게 사용되는지를 함께 배워야만 진짜 자기 지식이 될 수 있기 때문에 어떤 예문을 제시하고 있는지 역시 매우 중요하다.

특히 예문에 그 언어를 사용하는 국가의 문화가 잘 반영되어 있는지도 반드시 확인하길 권한다. 외국어로 된 문장이지만 한국에서만 사용될 법한 내용을 직역한 예문들은 제대로 써먹을 수가 없다. 그 나라 사람들의 정서나 문화가 녹아 있는 문장들을 예문으로 접하는 것과 아닌 것은 학습의 결과에 생각보다 큰 영향을 미친다.

또 설명되어 있는 모든 내용을 기억하는 것은 불가능하기 때문에 본문 내용의 핵심을 알기 쉽게 요점 정리해둔 책을 선택하면 훨씬 더 효율적으로 공부할 수 있다.

또 한 가지 팁이 있다면 바로 입체적인 교재를 고르는 것이다. 문법책이라고 하더라도 e-book을 비롯한 오디오 설명이 함께 있거나, 교재를 바탕으로 무료 유튜브 강의를 개설하는 출판사들도 꽤 있다. 책을 샀다고 해서 글자만 보면서 혼자 끙끙대며 공부하는 시대는 갔다. 자료가 궁해 공부가 어려운 세상은 과거 속으로 사라진 지 오래고 이제는 '선택'의 묘미가 필요한 때다. 귀를 열고 언어를 입체적으로 체득할 수 있는 장치가 함께 마련되어 있는 교재들이 얼마든지 있고, 이런 것들을 선택하면 같은 시간 안에 몇 배 더 좋은 효과를 낼 수 있다는 점을 기억하자.

끝으로 교재 선택을 할 때는 너무 욕심을 내지 말고, 동시에 겁을 먹지도 말아야 한다. 자신의 수준보다 지나치게 어려운 책을 선택하면 결국 포기하게 되고 너무 쉬운 것을 택하면 발전이 없다. 어느 정도는 술술 읽혀야 하지만 적당히 도전이 된다 싶은 수준의 책을 선택해서 힘겨운 과정을 조금은 버텨 내야 다음 단계로의 도약이 가능하다.

나의 경우 되도록 고생을 감수하고 원어로 된 책을 택한다. 완전 기초 단계에 있을 때도 마찬가지다. 모든 설명이 내가 배우고자 하는 언어로 되어 있는 책을 선택하고 알파벳을 익힐 때부터 그 언어로 된 강의를 들으면, 몇 배 더 힘들지언정 언어 실력은 그만큼 빨리 좋아질 수 있다. 잰걸음 대신 성큼성큼 걷는 효과를 내고 싶다면 원어로 된 교재와 강의를 선택하는 것을 강력히 추천한다.

인터넷 서핑을 하며 이 모든 요소들을 잘 확인하고 점검해 후보 교재를 몇 가지 정한 다음에는 되도록 서점에 가는 것이 좋다. 외국어 교재는 소설책 사는 것과 달라서 발품을 팔아 직접 보고 선택하는 것이 가장 정확하다. 외국에서 직구를 해야 하는 경우라면 차선책으로 리뷰들을 꼼꼼하게 확인하는 것으로 대신해야겠지만, 그렇지 않은 경우는 실물을 보고 몇 가지 교재들의 내용을 비교한 후에 선택하는 것이 성공 확률을 높이는 길이다.

교재까지 준비가 되었다면 본격적으로 실제 공부에 뛰어들기 위한 채비는 다 된 셈이다. 당신이 요리사라면 모든 재료와 레시피는 확보한 것과 마찬가지다. 자, 그럼 신나게 요리를 시작해볼까?

02

배우고자 하는 외국어의
뿌리 이해하기

요리의 첫 번째 단계는 무엇일까? 바로 준비한 재료들을 점검하는 것이다. 어디에서 어떻게 생산된 것인지, 신선한 상태인지, 충분한 양이 있는지, 각각의 맛과 영양성분은 어떤지, 각 재료별 조리 시간과 방법을 어떻게 하는 것이 최상의 요리를 만드는 데 유리한지 등을 아는 것은 기본 중의 기본이다.

언어 공부도 요리와 마찬가지다. 지금부터 설명하려는 과정이 가장 기초라고 할 수 있다. 재료 점검을 하지 않고 요리할 수도 있지만 훌륭한 요리사라면 그 과정을 빼놓지 않는 것처럼 외국어를 배울 때도 짚고 넘어가면 훨씬 큰 그림이 보여서 도움이 되는 것들이 있다.

요리는 잘못되면 다음에 다른 음식을 만들면 되지만, 언어 공부를 다시 처음으로 돌아가 재도전하는 것은 골치 아픈 일이 아닐 수 없다. 운 좋게 무사히 넘어갈 수도 있겠지만 이 과정의 중요성을 등한시하고 무작정 시작했다가는 수습이 어려울 수도 있다. 더구나 기본 단계를 차근차근 밟아나가야 새로운 언어를 받아들이고 적응하는 시간이 절약될 수 있기에 보다 효율적으로 공부하는 것이 가능해진다. 요리사가 맛도 좋고 영양가도 최고인 음식을 만들기 위해 식재료를 점검하듯이 외국어 학습자가 반드시 다져야 하는 언어 공부의 기초에는 무엇이 있을까?

언어의 계통적 분류

내가 추천하는, 그리고 내가 새로운 외국어를 배울 때 확실히 해두는 것들은 바로 언어의 뿌리, 배경, 특성, 알파벳과 발음 등에 대한 이해다. 언어도 마치 사람처럼 조상이 있고 각각의 특성이 있다. 어떤 대륙을 배경으로 어떤 역사적 과정을 거쳐 왔느냐 하는 것은 언어에 많은 영향을 미친다. 그것은 한 언어의 특징을 형성하는 데 그치지 않고 그 언어를 사용하는 사람들의 성향과 문화가 지금과 같이 만들어지는 데에도 지배적인 역할을 해왔다.

언어는 인간의 삶과 역사의 중심에 있다. 그래서 한 언어가 탄생해서 현재의 모습이 되기까지의 역사와 그 과정에서 관계를 맺어 온 다른 언어들, 그리고 그 언어 사용자들에 대해 아는 것은 그 언어를 배우는데 적지 않게 도움이 된다.

마치 사람에게 족보가 있는 것처럼 언어에도 가계도가 있는데 이것을 한번 살펴보기만 해도 큰 흐름이 보인다. 지구상에는 현재 7,000개에 가까운 언어가 존재하는데 이는 대략 110개의 어족으로 분류된다.

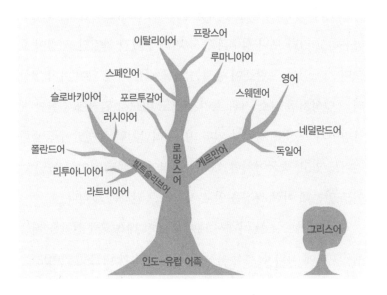

그중에서도 주요 6개 어족에 속하는 언어를 전체 인구의 5/6 정도가 사용하고 있는데 그 6대 어족은 아프리카-아시아 어족, 오스트로네시아 어족, 인도-유럽 어족, 니제르-콩고 어족, 중국-티베트 어족, 트랜스뉴기니 어족이다. 이중 내가 주로 공부해 온 언어들은 인도-유럽 어족에 속해 있다.

앞에 그림을 보면 한눈에도 어떤 언어들이 서로 가깝거나 먼지 알 수 있고, 어디에서 유래된 언어인지 파악이 된다. 일례로 '스페인어'는 포르투갈어와 가장 유사하고 프랑스어, 이탈리아어와 더불어 성수(사물에 남과 여 같은 성별이 존재하고 함께 쓰이는 관사도 그에 따라 변한다.), 문법과 동사 변화가 복잡한 로망스어만의 특징을 지니고 있다.

그런가 하면 독일어와 네덜란드어는 로망스어와 먼 조상을 공유하고 있다 보니 성수와 동사 변화가 있긴 하지만, 세월이 흐르며 스페인어, 프랑스어 등과는 다른 길을 가게 되어 마치 그들의 국민성처럼 다소 거친 소리가 많고 비교적 원칙에 충실한 게르만어의 특성도 지니고 있다. 또 우리말처럼 존댓말이 중요한 언어도 있고, 중국어처럼 성조가 핵심이라 해도 과언이 아닌 언어도 있는데 이런 특징을 알고 시작하길 권하는 것이다.

사람도 어느 조상 아래서 태어나 어떤 대륙에서 진화를 거듭해왔는가에 따라 신체적 특성, 강점과 약점이 다르듯 언어도 그 배경에 따라 각기 다른 알파벳을 사용하는 것은 물론, 존재하는 음가와 발성법도 다 달라진다. 뿌리를 더듬어 한 언어의 가족사를 살펴보면서 어디에 힘을 주거나 빼며 공부할지를 가늠해 보는 것은 언어 공부의 첫걸음이다.

이러한 지식을 염두에 두고 알파벳 혹은 기본 자모음을 학습해보자. 자모음을 확실하게 숙지하는 것은 단순히 글을 읽기 위해서가 아니다. 주요 음가를 파악하고 익숙해져야 제대로 된 듣기를 시작할 수 있고, 궁극적인 목표인 말하기를 위해서도 필요한 과정이다.

03
들기 귀가 열리기 시작하는
배경음악 공부법

 듣기와 말하기는 최대한 빨리 시작하는 것이 좋은데 단계별
로 연습 방법이 달라진다. 새로운 언어를 배울 때 듣기 영역의
경우 처음엔 그것이 언어라기보다 소음처럼 들리는 단계부터
시작된다. 대개 이 단계를 벗어나기 위한 방법으로 단어를 암기
하는 것이 급선무라고 생각하기 쉽지만 절대 그렇지 않다. 단어
하나하나의 발음을 안다고 해서 그 음가가 소음 속에서 도드라
지게 들리지 않기 때문이다. 그렇다면 어떻게 해야 할까.

 바로 그 소음처럼 들리는 단계에서 해당 외국어를 일단 최대

한 많이 들어야 한다. 무슨 의미가 있을까 싶겠지만, 귀가 그 언어에 지속적으로 노출되고 일정 시간이 채워져 임계점에 다다르면 음절이 구분되어 들리기 시작한다. 뜻은 모를지라도 한데 뭉개진 소음이 아니라 음가를 지닌 소리로 들리게 되는 것이다. 이때 어휘력이 뒷받침되면 도움이 되기 때문에 '무작정 듣기'를 하면서 단어 공부를 병행하면 당연히 유리하다.

어휘나 문법 등의 기초 학습을 하기 전이라도 '당장 듣기를 실행해야 하는 이유'를 이해하기 위해서는 어린아이가 말을 시작하게 되는 과정을 살펴볼 필요가 있다.

미국 언어학협회의 연구 결과에 따르면 태어난 지 6주 정도가 지났을 때 아이들은 '아', '에', '오'의 모음을 입 밖으로 내뱉기 시작하는데, 인간의 언어에서 가장 기본적인 모음은 바로 이 3가지라고 한다. 그런데 이 소리를 만들어내기 위해서는 오랫동안 뜻도 모르는 언어를 들으면서 귀에 전해진 소리에 의해 뇌가 자극을 받고 점차적으로 소음 안에서 음가를 구분해 내는 능력이 먼저 생겨야 한다는 것이다.

그 어떤 언어도 접해보지 않은, 그러나 모든 종류의 소리를 필터 없이 감지하는 아이들에게 걸리는 시간이 6주. 이것은 날수로 따지면 총 42일이고 자는 시간을 빼고 계산한다 해도 최소 700시간 정도가 된다. 어른들에게는 아이들보다 불리한 면도 있지만 강점도 있으니 비슷할 것이라 가정하면 개인차를 감안하더라도 상당히 많은 날들을 투자해 그 언어에 귀를 노출시켜야 한다는 것을 알 수 있다. 아무 일도 하지 않고 언어 공부에만 몰입하는 것이 아니라면 더더욱 일상 속의 모든 자투리 시간을 할애하고 가능한 모든 방법을 동원해, 소음으로 들릴지언정 닥치는 대로 그 언어를 듣기 위해 귀를 열어 놓아야 한다.

이 방법은 본격적인 듣기 훈련에 앞서 진행하는 워밍업으로, 뜻을 이해하지 못하더라도 계속해서 듣는 것이 포인트다. 아침에 눈을 뜨자마자 부스스한 모습으로 커피 한잔을 마시거나 샤워를 할 때, 출근 준비를 하면서, 지하철 안에서, 아이들 밥을 차려 주면서, 청소나 빨래를 할 때 등 수시로 해당 언어 콘텐츠를 배경음악처럼 틀어 놓자.

TV 방송이나 영화, 난이도가 높지 않은 어린이용 방송이나 애니메이션도 좋다. 자신의 관심사를 주제로 한 얘기를 찾아 듣는 것도 좋은 아이디어다. 거의 알아듣지 못해도 아주 가끔 어디서 들어본 듯한 단어가 귀를 스칠 때마다 용기와 자극이 된다.

요즘은 나라를 불문하고 대부분의 국영 방송사에서 자체 팟캐스트를 제작하는데 해당 사이트에 들어가 테마별로 검색을 하면 매일 새롭게 업로드 되는 질 좋은 방송을 들을 수 있다. 유튜브상에 넘치도록 올라와 있는 입문자를 위한 원어민 강의나 배우고 싶은 언어권의 영화를 계속 틀어 놓는 것도 도움이 된다. 이도 저도 다 어렵게 느껴지거나 피로도가 쌓일 때면 노래 가사가 해당 언어로 된 것을 들으면 좋다. 중요한 건 배우고자 하는 언어가 계속 내 귀에 들리도록 환경을 설정하는 것이다.

내가 스페인어를 처음 배울 때는 듣기 공부를 위한 적절한 자료를 국내에서 구하는 것이 어려웠다. 그 결과 대학 3학년, 마드리드에 어학연수를 갔을 때 나는 매우 씁쓸한 현실을 받아들여야 했다. 학교 성적은 최상위권이고 문법이나 단어는 꽤 알고 있는데도 인사말조차 제대로 알아듣기가 힘들었던 것이다. 오죽하면 스페인어 전공자라고 말하는 게 창피해서 한국문학 전공이라고 거짓말까지 하곤 했었다. 듣기와 말하기에 무게를 두지 않은 학습 방법의 처참한 결과였다.

어떻게 하면 빨리 귀를 열리게 할 수 있을까를 고민하던 나는 당시 스페인의 극장들이 매주 수요일 여자들을 무료로 입장시켜주던 이벤트를 활용해 일주일에 하루를 영화 보는 일에 모두 할애했다. 새벽에 극장을 찾아가 자리를 잡고 조조부터 심야까지 꼼짝 않고 릴레이로 영화를 봤는데 당연히 자막 따위는 없었으니 그야말로 고역이었다. 하지만 꾹 참고 끈질기게 그 과정을 반복했더니 시간이 지날수록 웅성거리는 소음 같았던 스페인어의 단어가 하나씩 귀에 들리기 시작했다.

프랑스어의 경우도 알아듣든 말든 상관없이 잠자는 시간을 제외하고는 줄기차게 프랑스 국영 방송을 틀어 놓고 살았는데, 어느 날 저녁을 먹다 내가 뉴스 내용을 이해하고 있다는 사실을 깨닫고 소스라치게 놀란 경험이 있다.

이탈리아어도 마찬가지다. 선생님과 수업을 시작하기 한 달 전부터 앉으나 서나 밥을 먹을 때나 운동을 할 때나 가능한 한 이탈리아어만 듣도록 노력했다. 그러자 마찬가지로 어느 시점부터 시끄러운 시장 소음처럼 들리던 이탈리아어가 인간의 언어로, 하나하나의 음가로 구분되어 귀에 들어오기 시작하는 신기하고 즐거운 경험을 할 수 있었다.

04

말하기 외국어가 입에 딱 붙는
혼잣말 공부법

듣기 연습과 반드시 병행해야 하는 것이 바로 말하기다. 아이는 처음 말을 배울 때 자의와 상관없이 오랫동안 듣기 연습을 한 다음 자연스럽게 한마디씩 입을 떼지만 성인의 말하기 학습법은 다를 수밖에 없다. 성인들은 이미 하나의 언어 체계가 머릿속에 자리 잡고 있고 귀와 혀가 모국어에 익숙해져 있다. 또 듣기에 투자할 수 있는 시간이 제한적이라는 현실적인 문제도 있다. 따라서 나이 들어 공부할수록 말하기를 나중으로 미루기보다는 최대한 일찍, 듣기와 함께 병행하는 것이 유리하다.

말하기의 워밍업에서 듣기 훈련과 다른 점이 있다면 훨씬 더 능동적인 태도를 가져야 한다는 것이다. 초기 단계 듣기의 경우 단어의 뜻을 파악하거나 애써 음절을 구분해 들으려고 할 필요 없이 귀를 열어 두기만 하면 되는데 말하기는 그렇지 않다. 귀는 항상 열려 있으니 별다른 노력을 하지 않아도 들리지만 입은 스스로 움직여야 하기 때문이다.

이 단계에서의 말하기는 자신의 생각을 해당 언어로 표현하는 것이 아니다. 대신 다음 2가지를 목표로 하면 좋다.

- 낯선 발음이 혀에 붙게 하기
- 무슨 소리든 들리는 대로 따라 하기

이것은 한국어로 먼저 생각하고 번역하는 대신, 외국어로 생각하고 그것을 바로 내뱉는 시스템에 뇌를 길들이는 방법이기도 하다. 초보자가 어떻게 혼자서 이런 말하기 연습을 할 수 있을까?

1. 새로운 발음에 익숙해질 때까지 수시로 연습한다.

발음이 혀에 붙도록 한다는 것은 무슨 뜻일까? 모국어에는 없는 발음을 하기 위해 혀를 쓰는 방법을 익히거나 발성이 제대로 되도록 성대의 힘을 조절하는 일, 즉 쉽게 말해 입과 목을 풀어주는 운동 같은 것이다. 각각의 언어는 저마다 다른 발성법을 갖고 있고, 새로 접하는 언어의 특정 발음의 경우 혀의 위치나 모양 때문에 많은 연습이 필요할 때도 있다. 또 거의 무의식적으로 어린 시절 배운 성대 조절의 방식까지 바꿔야 하는 경우에는 시간이 더 걸릴 수 있다.

이해를 돕기 위해 스페인어 발음을 예로 들어보겠다. 스페인어는 영어나 프랑스어에 비해 비교적 발음이 쉬운 언어지만 'R' 발음이 매우 독특해서 처음 배울 때 겁을 먹거나 영영 이 발음만큼은 해결하지 못하는 사람들이 있다. 스페인어의 'R' 발음을 정확히 하려면 혀끝을 천장에 가까이 가져가되 우리의 'ㄹ'이나 영어의 'L'처럼 확실하게 천장에 붙이는 것도 아니고 영어의 'R'처럼 뒤쪽으로 둥글게 마는 것도 아닌 상태에서 바람을 세게 불어야 한다. 혀의 모양과 위치를 잘 잡는 것도 까다롭지만, 한국인이 그 상태로 목구멍에서 적절한 세기의 바람을 불어 혀를 떨리게 하는 것은 정말 어렵다.

이런 점이 어린 시절부터 트레이닝 된 원어민들과 차이가 나는 부분이다. 우리는 그런 식의 발성을 해보지 않은 채로 평생을 살았기 때문에 의식적으로 힘을 주지 않고서는 발음이 잘 될 리 없다. 바로 이런 발음의 특성을 정리해서 첫 한 달간은 내 혀가 새로운 발음법에 익숙해질 수 있도록 수시로 연습해야 한다. 나의 경우 스페인어 'R' 발음을 제대로 하기 위해 한국어로 말을 할 때도 'ㄹ' 발음을 최대한 스페인어 'R'로 바꿔 시도 때도 없이 연습에 매진했고 목에서 센 바람이 나올 수 있는 방법을 찾기 위해 온갖 실험을 다해보곤 했다.

2. 들리는 대로 따라 한다.

배우고 있는 언어로 된 다양한 콘텐츠를 일상생활 중에 배경 음악처럼 흐르도록 설정한 상태에서 음가를 인식할 수 있을 때마다 최대한 흉내 내보는 것이다. 뜻을 몰라도 상관없고, 단어의 일부만 들렸다 해도 괜찮다. 정확하지 않아도 문제가 아니니 걱정은 접어 두고 일단 들은 것을 최대한 모방하여 중얼거려 보는 것에 의의를 두면 된다. 〈PART 4〉에서 소개할 섀도잉의 준비 과정이라고 봐도 좋을 듯하다.

이건 내가 오랜 경험과 시행착오를 통해 나름대로 터득한 학습법인데 최근 열풍이 일었던 섀도잉의 방법과 유사하다. 정확히 명명한 적은 없었지만 나도 모르게 섀도잉을 하면서 외국어를 배워왔다는 것을 이제야 알게 된 셈인데 외국어를 배우기 위해 안간힘을 쓰는 사람들이 경험을 통해 발견하는 최고의 방법은 결국 한곳을 향하는 모양이다. 스스로 다양한 시도를 해가며 찾아가는 학습법만 한 것은 없다는 뜻일 수도 있을 것이다.

이론상으로는 발음 규칙을 아무리 완벽하게 이해했다 해도 내 입으로 직접 움직여 보지 않고는 정확하게 그 느낌을 알 수 없기 때문에 원리를 안다고 해서 처음부터 발음이 잘되거나 말이 막 터져 나오는 일은 벌어지지 않는다. 언어를 빨리 배우는 사람들은 대부분 관찰력이 뛰어나고 원숭이처럼 모방을 잘한다. 그러니 큰마음 먹지 않고도 부담 없이 해당 언어를 다루는 방법을 내 입이 기억할 수 있게 하려면 닥치는 대로 최대한 비슷하게 따라 해봐야 한다.

3. 혼잣말을 외국어로 한다.

성인이 외국어를 배우면 뇌는 모국어에 최적화된 방식으로 문장을 만든 다음에 그것을 번역하는데 이 과정은 외국어를 배울 때 큰 장애물이 된다. '외국어로 생각하는 뇌 만들기'에 대해서는 듣기 심화 단계에서 더 자세히 언급할 예정이긴 하나 기초 단계에서 작은 실천을 통해 워밍업을 해볼 수 있다.

평소 우리가 의식하진 못해도 머릿속에 스쳐 지나가는 생각들, 즉 겉으로 내뱉지 않는 말들은 정말 많다. 그런 것을 소리 내어 외국어로 해보면 번역이라는 중간 단계를 거치지 않고 뇌가 작동하도록 훈련할 수 있다. '혼잣말을 외국어로 하는 습관'을 들이는 것이다. 처음엔 어떻게 해야 할지 막막할 수 있는데 의외로 금방 익숙해진다.

예를 들어 영어를 배운다고 가정해보면 다음과 같이 작은 노력들을 끊임없이 하는 것이다. 아침에 잠에서 깨어 '지금 몇 시쯤 되었을까?'라고 생각하는 걸 "What time is it now?"라고 소리 내어 해보고, '이제 이를 닦아야겠다'라는 생각이 떠오르면 곧바로 "Okay, it's time to brush my teeth"라고 말하면서 욕실을 향해 가는 식이다.

무의식중에 우리 머릿속에서 만들어지고 소멸되는 문장들의 예는 수없이 들 수 있는데, 이것들을 외국어로 바로 내뱉는 습관을 들이는 것은 마치 내가 지금 있는 곳이 외국이라고 우리 뇌가 착각하게 만드는 효과가 있다. 현지에서 어학연수를 하고 있다면 룸메이트에게 이런 말을 하고 있을 테니 말이다.

처음부터 이렇게 하는 게 어려울 땐 살짝 편법을 쓰면 된다. 평소 자주 하는 생각이나 혼잣말을 기억해 두었다가 해당 언어로 미리 준비해서 외우고, 그렇게 암기한 내용을 적절한 타이밍에 중얼거려 보는 것이다. 그렇게 수일 반복하다 보면 어느 순간 그 말이 자연스럽게 내뱉는 혼잣말이 되는 것을 느낄 수 있다.

이후 익숙해지면 그 분량을 대폭 늘려서 실행해보자. 예를 들면 '얼른 일어나서 샤워할 시간이다', '오늘은 뭐 입을까?', '날씨 정말 좋네!', '점심 메뉴는 뭐로 하지?', '나는 디저트로 티라미수가 좋더라', '저녁엔 극장에 가고 싶은데 누구랑 갈까?' 등 어떤 문장이든 상관없고 완벽하지 않아도 괜찮다. 최대한 많은 혼잣말을 외국어로 중얼거리겠다는 생각으로 생활하면서 뇌가 두 언어 사이를 오가는 중간 과정을 건너뛰도록 유도하자.

여기까지가 듣기와 말하기의 준비운동 과정이라고 할 수 있다. 기존의 학습법에 익숙해져 있는 사람들은 낯설다고 느낄 수도 있다. 그러나 인간이 모국어를 어떻게 배우는지 잘 생각해 보면 자연스럽고도 효과적인 학습법이라는 감이 올 것이다. 당장 오늘부터 외국어로 된 채널을 고정해 수시로 그 언어를 듣고, 옹알이를 하는 아기처럼 완벽하지 않더라도 생각나는 단어들을 말하는 습관을 들여 보자. 이것을 꾸준히만 할 수 있다면 충분히 훌륭한 시작이다.

05

문법 뽀개기

　문법은 외국어를 배울 때 얼마나 중요할까? 외국어를 배우는 사람들 중에 이 질문을 던져보지 않은 이가 있을까? 결론부터 말하면 나의 대답은 이렇다.

　"두말할 나위 없이 중요하다!"

　문법은 언어를 포괄적으로 습득하기 위한 필수적인 요소다. 다시 말해 체계적인 문법이 뒷받침되지 않으면 상대가 하는 말의 의미를 파악하고 자신의 생각을 말 혹은 글로 옮겨 이해시키는 일 자체가 불가능하다.

사람의 몸에 비유하면 문법은 뼈와도 같다. 인간이 뼈 없이 존재하는 것을 상상이나 할 수 있을까? 뼈는 장기를 보호하고 서서 걸을 수 있게 도와주며, 근육을 적절하게 사용할 수 있도록 해준다.

언어에서 문법이 하는 역할은 이와 매우 유사하다. 아무리 단어를 많이 알고 남보다 혀를 잘 굴려 발음한다 해도 문법 없이는 그것들을 잘 사용할 수 없다. 골격을 중심으로 모든 신체 부위와 기관들이 자리를 잡고 자기 역할을 할 수 있는 것처럼 문법의 체계가 잡혀 있어야만 단어의 순서와 위치를 바르게 배치해 상대가 알아듣도록 의사를 전달할 수 있게 되는 것이다.

양극단에 있는 문법 공부의 문제점

문법이란 것이 언어를 습득하는데 있어 이토록 본질적이고 핵심적인 부분인데도 문법 공부가 중요한지 아닌지에 대한 논쟁이 끊임없이 벌어지는 이유가 있다. 문법을 공부하느라 10년 넘게 머리를 싸매도 실제로는 언어를 사용하지 못하는 경우가 있는 반면, 깊이 있는 문법 공부 없이 듣기와 말하기에만 집중하거나 해외에서 생활하면서 말을 배우면 오히려 비교적 수월하게 입이 트이기도 하기 때문이다. 그런데 그 어떤 방법도 극단적으로 치닫는 경우에는 좋은 결과를 얻지 못한다.

먼저 문법을 소홀히 하는 경우의 문제점을 알아보자. 초급 단계에서는 문법을 꿰뚫고 있지 않아도 어휘력과 순발력만 있으면 어느 정도 의사소통이 가능하다. 따라서 문법이 그리 중요하지 않다 여기는 사람들도 있고, 그 허점을 이용해 문법 따위는 집어치우라고 외치는 학원이나 강사도 있다.

하지만 그렇게 배운 외국어는 일정 수준에 이르면 더 이상 발전하지 못한다. 문법은 외국어를 보다 완성도 있게 구사하는데 필수적인 것이기 때문에 초기 단계보다는 중급 이상에 이르렀을 때 그 진가를 발휘한다. 모두가 한계점에 이르렀다고 느끼는 순간, 문법을 제대로 공부해 둔 사람은 속도를 낼 수 있다.

이런 상황을 미리 대비하지 않고 문법을 소홀히 하면 정말 큰 벽에 부딪히게 된다. 그래서 기초를 배울 때부터 확실하게 그 틀을 제대로 잡아야 한다. 문법 공부를 100일 법칙 중 첫 단계에 배치해 설명하는 이유도 바로 그 때문이다.

반대로 문법에만 치우칠 경우의 문제점에 대해 생각해보자. 세계 어디를 가나, 외국어를 배우는 사람들 사이에서는 적절한 문법 공부에 대한 딜레마가 존재하고 학교 수업은 대개 문법 위주로 돌아가지만, 특히 한국에서는 그 정도가 심하다.

우리처럼 영어 공부에 전력을 다하는 나라도 드문데, 누구보다 문법적으로 탄탄한 실력을 쌓은 한국인들이 정작 말은 하지 못하는 이유, 애써 하는 문법 공부가 효과를 보지 못하는 이유, 그것은 바로 문법 공부의 방법이 잘못되었기 때문이다. 문법 공부를 하지 말아야 하는 것이 아니라 문법 공부의 방법을 바꿔야 한다는 뜻이다! 문법은 반드시 마스터해야 하고 초반부터 집중해야 하지만 매몰되지 않도록 균형을 잡아야 한다.

요즘은 영어 공교육도 전보다는 바람직한 방향으로 발전했을지 모르지만 눈에 띄는 큰 변화는 없었을 것이라는 추측이 가능하다. 부모가 악착같이 조기 교육을 시키는 경우를 제외하고는, 학교 수업에 충실해도 결과적으로 죽어 있는 언어, 즉 알긴 다 아는데 들었을 때 이해하지 못하고 입도 열지 못하는 사례를 허다하게 볼 수 있기 때문이다.

근본적인 문제점은 우리의 영어 교육이 입시 혹은 사회생활에서 유리한 길을 개척하기 위한 점수나 자격증을 따는 데에 우선적인 목표를 두고 있는 것이다. 또 이러한 분위기가 너무 지배적이다 보니 마치 언어 사용자를 길러내는 것이 아니라 언어 시험을 잘 치는 로봇을 양성하는 듯한 교육을 하고 있는 것이 현실이다.

물론 경우에 따라 공인 자격증이나 점수가 필요할 때도 있지만, 본질적으로 언어는 소통을 위한 것이기 때문에 이론과 문법을 꿰뚫고 있어도 정작 듣고 말하지 못하면 아무짝에도 쓸모가 없다. 우리의 궁극적인 목표는 시험 점수나 자격증을 따는 것이 아니라 진정한 언어 사용자가 되는 것이라는 점을 명심해야 한다.

문법을 쉽고 효과적으로 배울 수 있는 기술

이번에는 문법을 보다 효과적으로 배울 수 있는 구체적인 방법들을 알아보자.

1. 최대한 쉽게 설명된 교재를 선택한다.

문법이 어렵게 느껴지는 이유 중의 하나는 실제 내용이 학습 불가 수준이어서가 아니라 설명이 어렵게 되어 있거나 용어가 낯설기 때문이다. 외국어의 문법을 배우는 것은 완전히 새로운 구조의 문장을 만들기 위한 규칙을 익히는 일이기 때문에, 용어까지 어려우면 숨부터 턱 막힐 수밖에 없다. 가능한 한 쉽고 친절하게 설명이 되어 있는 책을 골라서 일단 문턱을 낮추고 시작하면 똑같은 내용을 배우더라도 우리 뇌가 훨씬 더 잘 받아들일 수 있다.

2. 아주 기본적인 문법을 제외한 나머지는 응용된 것임을 기억한다.

예를 들어 100가지 문법이 있다면 그중 20가지를 제외한 나머지는 가지를 쳐서 응용한 것들이라고 보면 된다. 따라서 기초적이고 필수적인 문법을 확실히 알게 되면 나머지는 그리 어렵지 않다. 이런 이유로, 외국어 학습을 할 때는 반드시 초기 단계에서 문법 공부에 집중해야 하고, 쉬워 보이는 내용이라도 확실하게 습득하는 것이 중요하며 짧은 시간 안에 가장 기본이 되는 것들을 끝내는 것이 좋다.

기초 골격을 잡은 후에는 어휘를 늘리고 많은 연습을 하면서 문법에 살을 붙여 나가야 효과적이다. 개인적으로는 이런 특성을 최대한 잘 활용하기 위해 새로운 언어를 배우는 첫 30일은 최대한 문법에 무게를 두고 가장 핵심적인 내용에 초집중을 한다. 이 시기에는 잘못 이해하는 것들을 바로잡아 주는 사람이 있는 게 좋기 때문에 되도록 선생님을 구해서 도움을 받는다.

지금까지 배운 언어들은 모두 이 방법을 활용했고 앞으로 배울 언어들도 이런 방식으로 공부할 예정이다. 개인지도 선생님을 찾거나 학원, 혹은 온라인상에서 문법 총정리 코스를 선택해 한 달간 매일 조금씩 진도를 나가 기초를 마스터하는 '한 달 문법 법칙'은 정말 효과적이다.

모든 것을 끝낸다는 생각 대신에 기본적인 의사 표현을 하는 데 꼭 필요한 문법의 기초를 다지는 것을 목표로 하고, 이 부분을 마스터한 다음에는 실제로 그것을 이용해 말하고 글 쓰는 것에 집중해 실력을 키우다가 어려운 문제에 봉착하게 될 때마다 하나씩 문법 관련 지식을 더해 나가는 것이 바람직하다.

3. 실제 예문을 통해 문맥을 파악하며 습득한다.

이론이나 법칙을 따로 분리해 공부하는 것이 아니라, 실제 예문을 통해 문맥을 파악하는 방식을 취하면, 문법 공부를 아주 효과적으로 할 수 있다. 예를 들어 기존의 학습 방식대로 영어 'have' 동사의 용법과 시제를 배운다면, 다음과 같이 암기할 것이다.

- 'have'는 '~을 갖다'라는 뜻으로 주어가 3인칭 단수일 때는 'has'로 변하고, 과거형은 인칭에 상관없이 모두 'had'가 된다.

이처럼 'have' 동사를 따로 떼어 용법만 달달 외우면 실제 언어 사용과 연결되기 어렵다. 이것은 아주 쉬운 예이기 때문에 가능해 보이지만 복잡한 문법으로 들어가면 십중팔구 제대로 써먹지 못할 가능성이 다분하다. 반면에 예문을 효과적으로 활용하면 완전히 다른 얘기가 된다.

- I have an apple.
- He has a red car.
- You had the luggage.
- He had a knife.

다양한 예시를 중심으로 문맥을 파악하고 실제로 어떻게 쓰이고 변하는지를 보면서 자연스럽게 문법을 배우는 것이 바로 내가 제안하는 방법이다.

4. 문법은 '암기' 이전에 '이해'를 선행한다.

새로운 문법을 배울 때 가장 중요한 것은 우선 '핵심과 요지'를 확실히 이해한 다음 암기를 하는 것이다. 이것은 예문을 중심으로 문법을 배우는 일의 연장선상에 있는데 다양한 문장 만들기를 선행하는 것을 말한다.

문법은 단어와 단어가 어떤 순서로, 또 어떤 관계로 서로 연결되어 의미를 전달하는지를 배우는 과정이기 때문에 우선은 '이해' 그 다음이 '암기'라고 강조하는 것이다. 대개는 선생님의 일방적인 설명을 듣고 그 규칙만 따로 떼어 외우는 것에 집중하지만 바람직한 문법 공부의 순서는 그와 반대이다.

먼저, 핵심 원리에 따라 가능한 한 많은 예시 문장을 능동적으로 만들 때 선생님의 도움을 받고, 암기는 어차피 스스로 해야 하는 일이기 때문에 혼자 복습하면서 필요한 부분을 골라 외우는 걸로 충분하다.

정리하면, 문법 공부는 그 어떤 것보다 중요하고 기본이 되기 때문에 초기에 집중 공략해야 한다. 그리고 공부 순서는 ① 구조 이해, 다양한 문장 만들기 연습 ② 암기 ③ 1, 2번을 바탕으로 실전에서 부딪히며 수정, 보완, 발전시키기이다.

모든 것을 완벽하게 배우고 나서 실제 작문이나 회화를 하겠다는 생각은 접어 두고, 어설프더라도 처음부터 문장을 만들어 보고 다양한 예시를 접해야만 이론적인 문법이 아닌 실제 언어생활에 쓰일 수 있는 새로운 법칙과 체계가 우리 뇌에 자연스럽게 자리 잡을 수 있다.

문법 공부는 누구에게나 지루한 것이니 짧고 굵게 박살 내 버리겠다는 마음으로 에너지를 집중해서 초반에 끝장을 내보자! 그러면 다음 단계부터는 바로 그 문법 공부의 결실로 실력이 빠르게 향상되는 것을 체감하며 고생한 보람을 느낄 수 있을 것이다. 실수를 두려워하지 말아야 하는 정도가 아니라 실수를 많이 할수록 더 빨리 배울 수 있다는 점을 기억하고 용기 내어 도전 해보자.

PART

100일 법칙 2단계

실력 키우기

나도 할 수 있을까? 이런 의구심들은 다 던져 버리고
일단 실행하는 것, 그것이 지금 해야 할 일이다.
분명히 말해두지만 당신도 할 수 있다!

01
온몸으로 기억하는
오감 암기법

100일 법칙 중 2단계가 되었으니 이제 본격적으로 시동을 걸어보자. 가장 먼저 할 일은 어휘력을 쌓는 일이다. 우리의 목표는 수준 높은 단어들이 아닌 실생활에서 자주 쓰이는 단어들을 효율적으로 외우는 것이다. 어휘력이 풍부하면 당연히 좋겠지만 그것은 앞으로 시간을 두고 얼마든지 할 수 있는 일이다.

진정한 달변가들은 의외로 어렵고 현학적인 단어를 사용하지 않는다. 그보다는 쉽고 이해가 잘되는 단어들을 시의적절하게 조합해서 간략하고 명료하게 전달한다. 이것은 모국어로 말할 때나 외국어를 구사할 때나 마찬가지다.

따라서 초기 단계에서는 너무 많은 욕심을 내기보다 꼭 필요한, 즉 내가 주로 하고 싶은 이야기나 관심 있는 분야에서 쓰이는 단어들, 그리고 기본적인 일상 회화를 위해 필수적인 단어들을 선정해 확실하게 익히는 것이 좋은 전략이다.

'나에게 필요한 단어'는 개개인의 상황에 따라 달라질 수 있는 것이기 때문에 자신의 관심사가 무엇인지를 먼저 파악해야 하는데 테마가 정해지면 구글 사이트를 이용해 찾으면 된다.

예를 들어 패션에 관심이 많다면 'fashion vocabulary', 스포츠를 좋아한다면 'sports vocabulary'를 검색하는 식이다. 일상 회화 필수 단어들 역시 구글에서 '5oo most common English words'라고 검색하면 기초 영어 회화에 꼭 필요하고 가장 많이 사용되는 단어들의 리스트를 다운받을 수 있다.

영어뿐만 아니라 다른 언어를 공부할 때도 같은 방식으로 응용하면 된다. 새로운 언어를 독학할 때 내가 아주 유용하게 사용하는 방법이다. 그럼 이제 구체적인 단어 암기법에 대해 알아보자.

1. 직접 사물을 보면서 명사를 외운다.

그동안 책상에 앉아 책을 펼쳐 놓고 하던 방식과는 완전히 다른 방법이기 때문에 약간의 상상력이 필요하다. 소지품, 가구, 식재료, 그 무엇이든 보이는 것은 다 암기의 대상이 될 수 있는데, 보고, 만지고, 냄새를 맡고, 직접 사용하면서 오감을 활용해 기억을 저장하는 암기법이다.

외국어를 진지하게 공부해본 사람들은 적어도 다음과 같은 경험을 한두 번은 해봤을 것이다. 책을 보며 암기했을 때는 도저히 머리에 들어오지 않던 단어가 친구들과 놀면서 한 번 들었는데 절대 잊히지 않는 신기한 경험 말이다. 이것은 그 단어를 사용했을 때의 환경, 예를 들어 음식을 먹고 있었다면 맛과 냄새, 그 순간 친구들의 표정과 목소리, 대화 등이 함께 입력되어 더 강력한 기억장치로 작용하기 때문에 벌어지는 일이다. 순간의 기억을 하나의 못이 아니라 다양한 고정장치를 이용해 절대 떨어지지 않도록 단단히 붙들어 매두는 효과가 일어나는 것이다.

따라서 평소 단어를 암기할 때도 의도적으로 이런 방법을 통해 외우는 것은 매우 효과적이다. 'sofa'라는 단어를 외우고 싶다면 소파를 보는 것은 물론 손으로 쓰다듬고 거기에 앉으면서 암기를 한다든가, 양치질을 하거나 목욕을 하며 욕실에 있는 물건들의 단어를 외우고, 요리를 하거나 밥을 먹으면서 주방에 있는 물건들의 이름을 외우는 식이다. 처음에는 혼자 하는데도 뭔가 어색하고 쑥스러울 수 있지만 금세 익숙해질 수 있다. 일단 닥치는 대로 손에 집어 들고 시작하는 것이 중요하다.

2. 직접 행동하면서 동사를 외운다.

오감을 활용해 명사를 외우는 것과 같은 방법으로 직접 행동으로 옮기면서 동사를 외우는 것이다. 예를 들면 공을 던지면서 'throw', 물을 마시면서 'drink', 춤을 추면서 'dance'를 외우면 된다.

동사를 외울 때는 주어 자리에 인칭대명사를 대입해 암기할 수 있는데 이것은 문법 공부에도 많은 도움이 된다. 예를 들어 '던지다'라는 동사 'throw'를 외울 때는 자신이 무언가를 던지며 'I throw'라고 외치고, 앞에 있는 사람에게 던지게 하고서 'You throw'를 외치는 식으로 응용해 볼 수 있다. 상대가 없다면, 손으로 던지는 액션을 직접 하고 머릿속으로는 다른 사람이 행동하는 장면을 상상하면서 외우면 된다. 혼자 있을 때 'He eats', 즉 '그가 먹는다'라는 표현을 외운다면 음식은 내가 먹더라도 머릿속으로는 옆자리의 누군가가 밥 먹는 모습을 구체적인 그림으로 그려볼 수 있다.

'이 방법이 정말 효과가 있을까?' 하는 생각이 들 수 있는데, 자신 있게 말하지만 종이에 쓰면서 외우는 것과 비교하면 하늘과 땅 차이의 결과를 기대해도 좋다.

물론 한 단어를 외울 때마다 같은 행동을 여러 차례 반복하고 입으로도 최대한 여러 번 '소리 내어' 되뇌는 과정은 필수다. 언어 공부에 있어서 어휘, 그중에서도 단어를 암기할 때는 머릿속뿐만 아니라 온몸의 세포에까지 입체적으로 의미를 각인시키는 방법만큼 좋은 것은 없다. 한마디로 언어를 배우려면 머리끝부터 발끝까지 모든 것을 총동원하는 게 최고다!

3. 같은 카테고리에 있는 패밀리 단어들을 외운다.

예를 들어 냉장고에서 사과를 꺼내면서 'apple'이라는 단어를 외웠다면 바로 다시 냉장고 문을 열고 다른 과일들의 이름을 암기하는 것이다. 옷장 안의 바지를 꺼내 입으며 'pants'를 외운 다음, 콤비 상의를 뜻하는 'blazer'나 중절모를 의미하는 단어인 'fedora'와 같이 함께 걸려 있는 다른 옷이나 액세서리의 이름도 함께 암기해 보자. 물론 이때도 단어들을 소리 내어 말해야 한다. 요즘은 오디오 사운드를 들어볼 수 있는 사전도 많으니 그때그때 단어를 찾아 발음을 확인하면서 따라 하는 일이 전혀 어렵지 않다.

앞에서 열거한 방법을 실천하기에 상황이 여의치 않을 수 있다. 온몸을 써서 외우는 것이 불가능한 상황이거나 책상에 앉아 공부를 하는 동안 새로운 단어를 발견해 즉석에서 외우고 싶은 경우, 대안으로 손, 눈, 입, 귀를 활용하는 방법이 있다.

우선 눈으로만 단어를 보면서 기억하려고 하는 대신, 펜을 잡고 종이에 써보자. 키보드로 타이핑하는 것은 전혀 도움이 되지 않는다. 외국어 공부는 아날로그적인 방법으로 접근해야 진짜 자기 지식으로 만들 수 있다. 이때 입으로 소리 내어 말하고 들으면 더 효과적인데, 도서관에 있어서 소리도 내지 못하는 상황이라면 최소한 입 모양이라도 흉내 내야 한다. 최대한 입체적으로 단어를 뇌에 입력시킬수록 더 오래 기억에 남는다는 것을 잊지 말고, 가능한 범위 내에서 오감과 온몸을 최대한 활용하면서 공부하길 추천한다.

4. 사진 또는 그림 안에 있는 단어들을 외운다.

사진과 그림 중 한 가지를 군이 고르라면 나는 사진을 선호한다. 그중에서도 나와 상관없는 다른 사람의 작품이 아닌, 추억이 담긴 사진이나 나에게 익숙한 동네의 거리 풍경 등을 직접 찍은 사진이 좋다. 관찰자의 입장에서 보게 되는 사진과 달리 사적인 기억이나 일상의 루틴과 연결된 이미지는 우리의 감정선을 자극하기 때문이다.

앞서 아이와 어른의 학습 속도에 차이가 생기는 이유를 설명하면서 우리의 뇌 중에서도 감정을 주관하는 부위가 함께 움직이면 낯선 단어와 언어체계를 보다 빠르게 흡수할 수 있다고 했던 것을 기억하는가?

추억이 담긴 사진을 보면서 그 안에 등장하는 단어들을 하나씩 암기하면 기억 어딘가에 저장되어 있던 당시 감정이 살아나게 된다. 그리고 '이때 여행 가서 참 행복했지', '생일파티 음식이 끝내줬었어'라는 기억은 사진 속 단어들을 외울 때 강력한 기폭제로 작용한다. 익숙한 동네 풍경이 담긴 사진도 일상과 습관 등 내 실제 삶과 연결된 기억들이 많기 때문에 암기 효과를 높이는 데 도움이 된다.

사진으로 암기할 때는 전체 과정을 여러 차례 반복하면서 매번 조금씩 난이도를 더한다. 예를 들어 처음에는 사진에 등장하는 사물의 이름, 즉 명사 위주로 단어를 외우고, 두 번째는 형용사를 덧붙여서, 세 번째는 그 상황에서 쓰일 수 있는 동사들을 생각해 함께 암기하는 것이다. 마지막에는 아예 문장을 만들어 스토리텔링까지 해보면 더할 나위가 없겠지만 그렇게까지 할 수 없을 경우 같이 쓰일 수 있는 형용사와 동사의 원형을 더해 암기하는 것만으로도 상당한 범위까지 어휘를 확장시킬 수 있다.

예를 들어 자주 산책하러 나가는 공원의 사진이 있다고 상상해보자. 사진을 보면서 먼저 '벤치, 가로등, 나무, 사람들, 강아지, 화장실' 이런 단어들을 소리 내어 외운다. 그 다음에는 '초록색' 벤치, '키 큰' 가로등, '아름드리' 나무, '조깅하는' 사람들, '귀여운' 강아지, '공중' 화장실 이런 단어의 조합을 만들어 형용사를 외우고, '학생이 걷는다', '아가씨가 달린다', '강아지가 논다', '토끼가 낮잠을 잔다'처럼 동사를 연결해 외우는 것이다. 마지막 단계에서는 '초록색 벤치 앞을 사람들이 걸어간다', '귀여운 강아지가 큰 가로등 아래에서 낮잠을 잔다'와 같은 문장을 만들어 볼 수도 있다. 이처럼 사진 한 장으로도 상상의 나래를 펴가며 할 수 있는 일은 실로 무궁무진하다.

만약 동네에 마땅히 흥미로운 단어들을 찾아볼 만한 풍경이 없거나 즐거운 추억을 떠올릴 수 있는 여행 사진이 없다 해도 걱정할 필요 없다. 개인적인 사진이라면 더욱 좋겠지만 그렇지 않다고 해도 괜찮다. 다양한 단어와 스토리가 담긴 것이라면 서점에서 산 사진집이든 그림이 많이 담긴 동화책이든, 그 어떤 것이라도 자료로 활용할 수 있다.

이것은 비단 나뿐만이 아니라 많은 폴리글롯의 '어휘력을 늘리기 위한 노하우'에도 공통적으로 포함되는 방법이다. 평면적인 사진이나 그림 속에 들어 있는 단어들에 생명을 불어넣는 이 과정은 단순히 단어를 나열해 외우는 것과는 천지 차이다. 더구나 사진이나 그림을 활용하는 방법은 휴대전화에 이미지를 저장해 두었다가 언제 어디서든 기회가 있을 때 쉽게 시도해볼 수 있다는 장점도 있다.

5. 첫 알파벳의 구성이 유사한 단어들을 함께 외운다.

단어를 구성하고 있는 알파벳을 시각적으로 암기하는 방식이다. 단어의 첫 알파벳의 구성이 유사하지만 뜻은 완전히 다른 단어들을 묶어서 함께 외우는 것이다.

예를 들어 '사과'라는 과일을 칭하는 영어 단어인 'apple'을 외울 때, 이 단어처럼 철자가 'app'로 시작하는 단어들을 같이 암기하는 것이다. 전자사전을 활용해도 되고 사이트 wordreference.com에 접속해서 'app'를 입력하면 'approach, appeal, apply, appear, appointment, appreciate, appearance, application'이라는 단어들이 쭉 나타난다. 이 각각의 단어를 클릭하면 발음과 뜻, 용법 등이 아주 자세히 나와 있어 발음을 듣고 다양한 예문과 함께 외우기 위한 최고의 자료가 된다.

참 신기한 것은 뜻이 천차만별인 단어들을 외우는데도 이 방법을 쓰면 기억에 잘 남는다는 것이다. 정확한 이유는 모르지만 어두가 같은 단어들을 한꺼번에 외우면 한데 묶여 있는 조기 새끼들이 한 마리만 잡아당겨도 줄줄이 딸려오는 것과 같은 효과가 난다.

이 방법의 가장 큰 장점은 의미가 전혀 다른 단어들로 어휘의 폭을 확장하는 일이 손쉽다는 것인데, 그 외에도 엇비슷한 단어들의 의미를 확실히 구분해 둘 수도 있고, 명사 하나를 알면 거기에서 파생되는 형용사, 동사 등을 한 번에 외울 수 있다는 이점도 있다.

6. 동의어와 반의어를 활용해 어휘를 확장하며 외운다.

예를 들어 'similar'라는 단어의 동의어로 'alike, indistinguishable, close, near, homogeneous, interchangeable, kindred, akin, related' 등이 있는데 이걸 찾아내는 방법은 간단하다. 구글에 접속해서 'similar synonym'이라고 검색하면 위 단어들이 한눈에 보이고 각각의 단어를 클릭하면 그 정확한 의미와 발음까지 알 수 있다.

다른 언어를 공부하고 있다 해도 마찬가지로 접근하면 구글에서 못 찾을 정보는 없다. 영어의 경우 동의어 공부를 조금 더 깊이 하고 싶다면 사이트 thesaurus.com을 활용하면 된다. 뿌리 깊은 동의어 사전《Thesaurus》가 온라인으로 옮겨온 것인데 구글 메인 페이지에서 검색하는 것의 3~4배 정도 더 많은 동의어를 찾을 수 있고, 의미가 비슷한 정도에 따라 색깔로도 구분되어 있어 보기에 매우 편리하다.

반의어의 경우도 같은 방법을 쓸 수 있다. 예를 들어 '얇은, 가는'이라는 뜻의 영어 단어 'thin'의 반의어를 찾는다면 구글에서 'thin antonym'을 검색하기만 하면 된다. 곧바로 'thick, broad, fat, plump, overweight'와 같은 단어들을 확인할 수 있고 각각의 단어를 클릭하면 발음과 의미, 예문, 유사어 등까지 살펴볼 수 있다.

구글에서 검색되는 정보보다 더 풍부한 자료를 얻고 싶으면 앞서 소개한 사이트 thesaurus.com을 활용할 수 있는데 궁금한 단어를 검색하면 '동의어' 리스트가 나오고 커서를 아래로 움직여 화면 하단으로 가면 '반의어'들을 모아 놓은 것을 볼 수 있다.

이런 식으로 동의어, 반의어를 암기하는 방식은 어휘를 풍부하게 만드는데 매우 효과적이며 그 언어만의 느낌을 익히는 데에도 큰 도움이 된다.

지금까지 다양한 어휘 다지기의 요령을 배웠으니 각자의 취향과 상황에 맞는 것을 택해 실행에 옮기는 일만 남았다. 외국어를 잘하기 위해 시도할 수 있는 방법은 수없이 많다.

중요한 것은 나에게 맞는 길을 어떻게 찾을 것인가 하는 문제이고, 그보다 더 중요한 것은 어떻게 하면 보다 즐겁게 배울 수 있는가 하는 것이다. 암기를 할 때는 뇌가 탄력적으로 움직이도록 환경을 조성해 단어를 입체적인 방식으로 저장하는 것이 중요하기 때문에 '재미있다'고 느끼면 효과는 배가 된다.

이 세상 그 누구도 새로운 단어를 한 번에 다 기억하지 못하고 그것은 매우 자연스러운 일이다. 무한정으로 용량을 늘릴 수 없는 우리의 뇌는 입력된 정보 중에 꼭 필요한 것만 가려내고 나머지는 다시 버리는 과정을 되풀이한다. 따라서 여러 번 반복해서 암기를 해야만 '이 데이터는 일시적으로 저장할 것이 아니라 계속 소장하고 있어야 한다'는 명령으로 인식해 장기 기억 저장소로 옮겨 놓을 수 있는데 이것은 암기의 가장 기본적인 원리이다. 언제나 이 점을 명심하면서 조급함보다는 여유를 갖고 자신을 격려하고 칭찬하며, 어휘가 하나씩 늘어나는 과정을 즐기길 바란다.

02

구동사, 관용어 활용과 10패턴으로
말문이 터지는 뼈대 공부법

100일 학습 2단계에서는 필요한 자료를 가능한 한 많이 모으고 다양한 실험을 통해 실수도 해보면서 최대한 실력을 끌어올려야 한다. 그 목표를 이루기 위한 첫 미션으로 앞에서 효과적인 단어 암기 요령에 대해 알아봤는데, 이번에는 그 응용 학습에 해당하는 구동사, 관용어, 패턴 학습에 대해 살펴보자.

이것들이 중요한 이유는 알고 있는 단어들을 실제로 어떻게 사용하는지에 대한 매뉴얼을 익히는 것과도 같기 때문이다. 많은 사람들이 문법도 공부하고 어휘력도 좋은데 그것들을 어떻게 활용해야 하는지 몰라 말을 하지 못한다. 구동사, 관용어, 패턴 학습은 이런 부분을 해소하는 데 도움을 줄 수 있다.

앞서 언어 습득을 스포츠나 악기를 배우는 일에 비유했는데, 이번에는 레고 놀이를 떠올려 보면 좋을 것 같다. 레고는 커다란 조각에 작은 것들을 장착하고, 때로는 이미 조립된 몇 가지를 서로 연결도 하며, 또 어떤 때는 일부를 해체시킨 다음 다른 조각과 이어 다양한 것들을 만들고 표현할 수 있다.

언어 역시 명사, 형용사, 부사, 조사 혹은 전치사, 동사 등을 어떻게 조립 혹은 분해하느냐에 따라 복잡한 인간의 생각을 담는 갖가지 모양과 용도의 그릇이 된다. 기본적인 위치와 방향은 맞춰 조립해야 하지만 일정 부분 창의력을 발휘할 수 있다는 면에서도 언어와 레고는 닮아 있다. 대표적으로 영어의 '구동사와 관용어'가 여기에 해당하는데, 약간 모호한 경우도 있으나 일반적으로 둘의 차이는 다음과 같다.

- **구동사** 우리가 보통 '숙어'라고 하는데 '동사+전치사' 혹은 '동사+부사'의 결합으로 의미가 확장되는 동사 덩어리를 일컫는다.
- **관용어** '2개 이상의 단어'로 이루어져 있으면서 여러 단어가 합해져 새로운 의미가 되기 때문에 개별 단어들의 의미만으로는 전체 뜻을 알 수 없는 어구를 말하며 넓은 의미에서 구동사에 포함된다고 볼 수 있다.

관용어는 대부분 관습적으로 사용되는 표현이어서 그 나라의 문화가 투영되어 있다. 그래서 추측이 더욱 어렵다. 다음 예를 보면 금방 느낌이 올 것이다.

- 구동사

  dress up : '옷을 입다'라는 뜻의 'dress'에 'up'이 더해져 '차려입다'라는 의미로 확장되었다.

  give away : '주다'라는 뜻의 'give'에 'away'가 더해져 '거저 주다', '나누어 주다'라는 의미로 확장되었다.

- 관용어

  under the weather : 직역하면 '날씨 아래에'가 되지만 실제 의미는 '아프다', '몸이 좋지 않다'로 본래 'weather'가 갖고 있는 뜻과는 관련이 없는 표현이다.

  have bigger fish to fry : 직역하면 '튀겨야 할 더 큰 생선이 있다'가 되지만 숨은 의미는 '더 중요한 일을 처리해야 한다'이므로 역시 본래의 뜻과는 완전히 다른 의미이다.

사실 둘의 차이점을 아는 것보다 더 중요한 것은 쓰임이 많은 구동사와 관용어를 머릿속에 많이 넣어두고 적절한 타이밍에 꺼내 활용하는 일이다.

구동사와 관용어는 따로 공부하지 않으면 기본 동사의 의미를 알아도 뜻을 유추해 내기가 쉽지 않다. 일상생활에서 자주 사용되기에 모르면 낭패인 상황이 자주 발생할 수 있고, 반대로 이것들을 잘 알아두었다가 적절하게 쓸 수만 있으면 하고 싶은 말을 아주 효과적으로 전할 수 있다.

뿐만 아니라, 단어를 아무리 많이 알고 있어도 막상 들었을 때 귀에 들어오지 않는 경우가 많은데 구동사나 관용어 표현을 몰라서 그럴 확률이 높다. 다시 말해, 이런 표현을 많이 익히면 듣기 실력을 늘리는 데에도 많은 도움이 된다.

구동사, 관용어 자료 찾기와 공부법

과거 인터넷이 없었을 때에는 도대체 어떻게 언어 공부를 했었나 싶을 정도로 요즘에는 좋은 자료가 온라인상에 넘쳐흐른다. 벽돌처럼 두꺼운 사전을 끼고 앉아 100% 아날로그적인 방식으로 외국어를 배우려 애쓰던 나의 학창 시절, 열악한 환경 속에서 열정 하나로 버텼던 그때에 비하면 지금은 말 그대로 천국이다. 물론 언어 공부에는 여전히 많은 시간과 돈을 투자해야 하지만 인터넷을 활용하고 좋은 학습법을 실천에 옮길 수만 있다면 그 시간과 비용을 큰 폭으로 줄일 수 있다.

구동사와 관용어도 구글에서 검색하면 쉽게 자료를 찾을 수 있다. 가장 빈번히 쓰이는 구동사와 관용어 표현을 간단히 리스트업 할 수 있기 때문에 굳이 교재를 사지 않아도 충분하다. 구글의 알고리즘이 빅데이터를 바탕으로 정리한 자료를 열심히 외우기만 하면 되니 얼마나 좋은가.

구동사는 영어로 'phrasal verbs', 관용어는 'idioms'라고 한다. 검색창에 각각 'frequently used English phrasal verbs', 그리고 'frequently used English idioms'를 입력하면 목록을 찾을 수 있고, 그 내용을 살펴보면서 주요 표현을 선택하면 모든 준비가 끝난다. 경험상 적게는 각 100개, 욕심을 좀 내면 각 250개 정도를 선정해 마스터하는 것을 목표로 하면 최상이라고 본다.

대략 40일(3월 1일~4월 10일)의 시간을 정해 10일 단위로 총 4회 학습 계획을 짜보자. 첫 10일 중 첫 이틀을 오로지 구동사와 관용어구만을 외우는데 집중한 후, 8일 후 다음 주기가 돌아왔을 때 또다시 이틀간 같은 표현을 외우는 식으로 4회를 반복하는 것이다. 예를 들어 3월 1, 2일을 구동사와 관용어구 암기의 날로 정하면 3월 11, 12일/ 21, 22일/ 31일, 4월 1일에 같은 표현을 다시 외우는 것이다.

처음에 200개의 표현을 외웠다면 다음 주기가 되었을 때 기억에 남는 것은 20% 정도밖에 되지 않겠지만, 두 번째 암기 미션을 수행하고 나서 세 번째 주기가 돌아왔을 때는 적어도 40~50% 정도를 기억할 수 있고, 궁극적으로는 상당수의 표현을 익힐 수 있게 된다.

물론 이것은 어디까지나 표현을 암기하는 것이고 실제 사용은 별도의 문제이기 때문에 이와 더불어 듣기, 말하기, 쓰기, 읽기 훈련을 병행해야 한다. 특히 각 주기에서 암기에 할애하는 이틀을 제외한 8일 동안은 이미 배운 표현을 사용해 말하기 연습을 열심히 해야 한다.

10가지 패턴에 집중하라

우리나라에서 최근 패턴 학습이 각광받는 분위기인데 그 이론을 살펴보면 상당히 흥미롭다. 언어는 사람과 사람 사이에 소통을 하기 위해 정해 놓은 규칙 혹은 약속이기 때문에 그 안에는 일종의 패턴이 있다는 점에서 착안한 것이다.

다시 말해서, 패턴 학습은 제아무리 문법이 복잡해봤자 실제로 사람들이 사용하는 언어 규칙은 제한적이라는 사실을 꿰뚫어 만들어진 공부법이 아닐까 싶다. 자주 사용하는 몇 가지 패턴에 따른 다양한 예문을 머릿속에 넣어두는 것이 핵심이다. 그러면 우리의 뇌가 그것을 공식으로 활용해 보다 쉽게 말을 할 수 있게 된다는 원리이다.

패턴 학습에 대해서는 여러 대학과 기관의 연구 결과가 있는데, 그중에서도 펜실베이니아대학 교수이자 다수의 영어 문법 책을 펴낸 저명한 학자 마사 J. 콜린Martha J. Kolln의 이론이 잘 알려져 있다. 그녀는 영어의 경우 총 10가지 패턴에 따라 구성되는 문장이 전체의 95% 정도를 차지한다고 주장했다. 물론 더 복잡한 문장들이 만들어질 수는 있지만 기본 뼈대의 역할을 하는 패턴은 이게 전부라는 것인데, 다수의 이론 중의 하나일 뿐이지만 구체적인 내용을 살펴보는 것은 분명 흥미롭다.

또한 반드시 이 패턴을 따르지 않는다고 해도 영어의 기본적인 문장들을 패턴화하여 암기하고 연습하는 것은 추천할 만하다. 그녀가 정리한 10가지 패턴은 다음과 같다.

- be 동사 패턴 3가지
- 연결 동사 패턴 2가지
- 자동사 패턴 1가지
- 타동사 패턴 4가지

이 안에 영어의 문장 형태가 모두 포함되어 있다는 것이다. 이렇게 보면 영어가 정말 쉽게 느껴지지 않는가? 물론 이것은 뼈대 중에서도 가장 핵심적인 골격에 해당하는 기본 패턴을 말하는 것이기에 실제로 접하는 문장들은 훨씬 복잡할 수 있다. 그러나 초급 단계에서 문장 구성의 큰 줄기를 이해하는 것은 향후 학습에 큰 도움이 될 수 있다. 이번에는 각 패턴의 구체적인 구성과 예시 문장을 살펴보자.

- be 동사 패턴

  주어 + be 동사 + 부사

  Children are upstairs.

  주어 + be 동사 + 형용사

  Children are cute.

  주어 + be 동사 + 주어 보어

  Children are rapid learners.

- 연결 동사 패턴 연결 동사란 주어와 주어의 상태를 설명하는 형용사 혹은 명사 형태의 주격 보어를 연결해주는 동사를 말한다.

  주어 + 연결 동사 + 형용사

  Children look excited.

주어 + 연결 동사 + 명사

Children become teenagers.

• 자동사 패턴

주어 + 자동사

Children sleep.

• 타동사 패턴

주어 + 타동사 + 직접 목적어

Children sing a song.

주어 + 타동사 + 간접 목적어 + 직접 목적어

Children give their parents joy.

주어 + 타동사 + 직접 목적어 + 형용사

Children make us happy.

주어 + 타동사 + 직접 목적어 + 목적어 보어

Children call him uncle.

재차 강조하지만, 외국어 공부의 기본은 원리를 이해한 후에 가능한 한 많은 예시를 접하고 스스로 문장을 만들고 해체하는 일을 반복하는 것이다. 아무리 훌륭한 설명을 보고 다 이해했다

하더라도 직접 사용해 보지 않으면 절대 자기 것으로 만들 수 없다.

사람들은 흔히 나이를 탓하면서 아이들은 쉽게 말을 배우는 것처럼 이야기하지만, 어린아이들이 수천 번 이상 엉터리 문장을 만들어 내뱉는 과정을 거친 후에야 비로소 제대로 된 언어를 구사하게 된다는 것은 생각해보지 않는 것 같다.

어른들도 마찬가지다. 수없이 엉덩방아를 찧어야 우아하게 얼음판 위를 누빌 수 있고, 넘어지고 무릎이 까져야 자전거를 탈 수 있는 것처럼, 말도 안 되는 문장을 만들고 다시 처음으로 돌아가 시도하는 뼈아픈 과정이 있어야 진정한 외국어 구사자가 될 수 있다.

구동사와 관용어를 익히면서, 매일 일정량의 시간을 정해 놓고 패턴에 맞춘 문장을 만들어 보는 연습을 2단계에서 최대한 많이 할수록 다음 단계에서 웃을 수 있다는 사실을 꼭 기억하자!

03

듣기와 말하기 리스닝이 익숙해지는 섀도잉의 정석

얼마 전부터 외국어 공부하는 사람들 사이에 섀도잉 열풍이 불었다. 섀도잉만으로 유학을 가지 않고도 몇 달 만에 원어민처럼 영어를 구사하게 되었다는 이들부터 다른 공부를 병행하지 않고 섀도잉만 했는데 마법처럼 영어가 입에서 술술 나온다고 증언하는 사람들까지 다양한 이야기가 인터넷에 돌아다녔다. 사실일까? 그리고 섀도잉이라는 게 정확히 뭘까?

수많은 전문가들의 의견에 따르면 외국어 학습에 있어서 모든 공부와 훈련은 유기적으로 연결되어 있기 때문에 그 어떤 것도 따로 떼어 생각하는 것은 불가능하다. 듣기, 말하기, 읽기, 쓰기의 영역이 서로 영향을 주고받기 때문에 전방위적으로 함께 학습해야 하고 특정 영역 하나를 집중 공략한다고 해서 다른 영역의 실력이 저절로 성장하기를 기대하긴 어렵다.

다시 말해, 언어 학습이 갖는 특성을 고려할 때 아무리 섀도잉이 용하다 해도 이 방법 하나로 갑자기 말을 잘하게 되는 일은 벌어지지 않을 것이다. 다만, 책과 교실에 갇혀 하는 공부와 달리 '실질적인 언어 구사'에 있어서 자신감을 갖는데 도움이 되는 것은 분명하기 때문에 생생하게 살아있는 언어를 배우고자한다면 충분히 관심을 가져볼 만한 공부법이다.

섀도잉은 듣기, 말하기와 밀접하게 연결되어 있는데 그중에서도 문장을 만들고 언어를 구사하는 것보다는 발음과 억양 등을 최대한 자연스럽고 유려하게 만들어주는 훈련법이다. 한마디로 섀도잉은 외국어를 들으면서 최대한 비슷하게 흉내 내는연습을 하는 것인데, 중간중간 소리를 멈추어 가며 따라 하는 식이 아니라 동시통역을 하는 것처럼 듣는 것을 실시간으로 내뱉는 방법이다.

실제로 섀도잉은 동시통역사들을 양성해내는 교육 프로그램의 일환으로 알려져 있다. 그런가 하면 일반 회사에서도 섀도잉이라는 표현을 쓰는데, 인턴들이 직업 체험을 해보는 것을 'job shadowing'이라고 한다. 'shadow'라는 영어 단어에 '그림자처럼 따라다니다', '미행하다'라는 뜻이 담겨 있다 보니 기존의 사원들이 하는 일을 그대로 따라 해본다 해서 이런 용어가 생겨났다고 한다.

기적처럼 입을 트이게 해준다기보다는 발음 교정 등 외국어 실력에 기름칠 역할을 하는 섀도잉 훈련법이 어쩌다 이렇게까지 붐을 일으키게 되었을까? 결정적인 역할을 한 인물이 있는데 바로 알렉산더 아르구에예스Alexander Argüelles라는 미국의 언어학자이다. 그는 10개의 언어를 상당히 높은 수준으로 구사하고, 40여 개 언어를 읽고 쓸 줄 아는 진정한 '하이퍼 폴리글롯Hyper Polyglot'이다. 폴리글롯은 단순히 다국어 구사자를 의미하는데, 하이퍼 폴리글롯이라 하면 구사하는 언어의 숫자와 그 수준이 유달리 뛰어난 사람들을 지칭한다. 참고로 그는 한국인 여성과 결혼했고 한국어에도 능통하다.

알렉산더 아르구에예스가 세상에 알려지게 된 것은 미국의 언론인이자 작가인 마이클 에라드Michael Erard가 저서《언어의 천재들Babel No More》에 그를 연구 대상자로 언급하면서부터였다. 이 책에서 알렉산더 아르구에예스는 꾸준히 실천해온 자신만의 외국어 공부 비법들을 공개했는데 그중에서도 섀도잉을 대표적인 것으로 꼽았다. 섀도잉이라는 방법 하나만으로 그 많은 언어를 정복한 것은 아니지만 그것이 분명 효과가 있다는 그의 증언이 새도잉 붐을 일으키는데 일조하는 계기가 된 것이다.

그는 아침에 눈을 뜨자마자 노트에 단어를 쓰고 말하며 기억을 상기시키는 훈련을 포함해 아날로그적인 방식으로 공부를 한다. 여기에는 오디오로 된 콘텐츠를 듣거나, 간단한 스토리가 담긴 책을 읽는 훈련도 포함되어 있다.

아랍어로 시작해 중국어로, 또 다른 언어로 바꿔가면서 하루 최소 9시간 정도를 매일 외국어 공부에 투자한다. 할 줄 아는 언어들이 많다 보니 언어별로 약간의 시간만 투자해도 9시간은 금방 갈 수밖에 없는 상황인 듯하다. 또 그는 암기할 때 무조건 서서, 가능하면 걸으면서 하라고 조언하고, 듣기와 말하기의 경우에는 새도잉을 통해 지금의 언어 실력을 키울 수 있었다고 증언한다.

알렉산더 아르구에예스는 자신이 실천하고 있는 학습법들이 사실은 전설적인 하이퍼 폴리글롯들을 모방한 것이라고 전한다. 대표적인 인물로는 총 30개 언어에 능통했고 72개 언어를 읽고 쓸 줄 알았다는 이탈리아의 추기경 쥬세페 메조판티Giuseppe Mezzofanti, 그리고 68개의 언어를 수준급으로 구사했다는 독일 출신의 외교관 에밀 크레스Emil Kres가 있다. 상상도 하기 힘든 어마어마한 능력의 소유자들이 걸으면서 암기하거나 새도잉 같은 방법을 썼고, 그것을 그대로 따라 한 것이 자신의 비결이라는 것이다.

언어 고수들이 추천하는 섀도잉 방법

보통 사람의 목표가 60~70개의 언어를 구사하겠다는 것은 아니겠지만, 언어 능력자들이 입을 모아 최고의 비법이라 하는 섀도잉을 실천해보지 않을 이유는 없다. 특히 문법과 어휘 등 앞서 설명한 것들을 잘 실천하고 있다면 이제는 듣기와 말하기에 좀 더 박차를 가해야 할 때다. 섀도잉은 아마도 이런 타이밍에 적절한 학습법일 것이다.

그렇다면 구체적으로 어떻게 실행해야 하는 것일까? 들리는 대로 따라 하면 된다고 하니 왠지 쉬울 것 같지만, 인터넷에서 실제로 섀도잉을 하는 사람들의 영상을 찾아보면 생각보다 꽤 난이도가 높은 훈련이기 때문에 많은 인내심이 필요하고, 정확한 방법을 알아야만 시도라도 해볼 수 있다는 것을 알 수 있다. 섀도잉의 효과를 제대로 볼 수 있는 실천 방법은 다음과 같다.

❶ 듣고 따라 하고 싶은 자료를 선정한다. 팟캐스트 방송, 오디오북, 애니메이션 영화도 좋다. 길고 어려운 콘텐츠보다 짧고 쉬운 콘텐츠를 여러 번 반복해 섀도잉하는 것이 유리하다. 이때 대본이 있는 자료를 찾는 것을 추천한다. 듣기만 하면서 따라 할 수도 있지만 대본을 눈으로 읽으며 하는 섀도잉이 훨씬 더 효과가 좋기 때문이다.

❷ 대본을 보지 않고 섀도잉도 하지 않고 일단 듣는다.

❸ 대본을 보면서 실시간으로 들리는 것을 화자의 발음, 억양, 강세, 그 언어만의 리듬과 멜로디를 그대로 복사한다는 느낌을 갖고 따라 한다. 익숙해지면 대본을 보지 않고 섀도잉을 시도한다.

❹ 모니터링할 수 있도록 섀도잉하는 것을 녹음한다.

❺ 녹음한 것을 듣고 콘텐츠 파일과 비교해 다른 부분이 어딘지 체크하고, 최대한 비슷하게 말할 수 있을 때까지 같은 과정을 반복한다.

이것이 바로 언어 고수들이 추천하는 섀도잉 방법이다. 내용을 주의 깊게 살펴본 사람들은 이미 느끼고 있겠지만 이 훈련법은 듣기와 말하기에 반반씩 걸쳐 있는 학습법이다.

그래서 어느 정도 익숙해지면 여기에서 더 나아가 섀도잉을 듣기 심화 연습에 활용해 볼 수 있다. 방법은 일반적인 섀도잉과 비슷하면서도 약간 차이가 있다. 기본적인 섀도잉이 실시간으로 따라 하면서 발음과 억양을 최대한 유사하게 모방하는 것에 그친다면, 섀도잉을 이용한 듣기 연습은 텍스트의 내용을 이해

하고 나아가 실제 대화에 활용하는 것을 목표로 한다. 구체적인
방법은 다음과 같다.

섀도잉을 이용한 듣기 연습

❶ 영화, 드라마나 시트콤, TED 강의나 다큐멘터리 등 좋아하는 영상
자료를 준비한다. 내가 가장 추천하고 싶은 것은 시트콤이지만 취
향에 따라 본인이 선호하는 것을 선택하는 게 가장 효과적이다. 시
트콤을 추천하는 이유는 영화보다 짧아서 부담스럽지 않고, 상황
설정극이라 문화와 정서도 배울 수 있으며, 지극히 일상적인 표현
들이 많이 등장하기 때문이다. 그러나 중요한 건 '내가 진짜로 관
심이 많아서 보고 싶은 영상'을 고르는 것이다.

❷ 자막을 켜지 않은 상태에서 최대한 집중해서 본다.

❸ 원어 자막을 켜고 보다가 모르는 표현이 나올 때마다 영상을 멈추
고 자막을 옮겨 적는다.

❹ 옮겨 적은 표현들을 사전에서 찾아 의미를 파악하고 암기한다.

❺ 자막을 켠 상태에서 영상을 보면서 가능한 모든 표현을 실시간으
로 섀도잉한다. 잘 안 들리는 부분이나 뜻이 생각나지 않는 부분이
있으면 잠시 멈추고 의미를 확인한 후 그 부분부터 다시 본다.

❻ 자막이 없는 상태로 최대한 영상 자체에 집중해서 처음부터 다시
본다. 들리는 모든 표현을 섀도잉한다.

일반적인 섀도잉 방법과 비슷해 보이지만 약간은 차이가 있다. 이 작은 차이가 바로 발음과 억양의 단순 복사에 해당하는 섀도잉을 응용해 듣기를 향상하는 효과를 내는 것인데 처음에는 복잡하게 느껴질 수도 있다. 하지만 이걸 꾹 참고 했을 때의 결과를 생각하며 실행에 옮겨볼 만한 가치가 있다. 아니, 듣기 능력 강화에 힘을 쏟아야 하는 지금 단계에서 반드시 해야만 하는 훈련이다! 많은 시간과 인내심을 필요로 하지만 절대 여기서 물러나서는 안 된다. 이런 식으로 배우는 표현들은 비슷한 상황이 되었을 때 자연스럽게 튀어나올 확률이 크다.

100일 법칙 중 2단계에서 하는 훈련들은 다소 지루하게 느껴질 수 있다. 이 시기를 즐겁게 보내고 학습 효과를 높이려면, 실행해야 하는 과제들을 적절히 쪼개어 분배하고 섞어가며 공부해야 한다.

예를 들어 하루 6시간 외국어 공부하는 것을 원칙으로 했을 때 '월요일은 연속으로 6시간 듣기, 화요일은 연속으로 6시간 읽기' 이런 식으로 몰아서 하는 것보다 '월요일 아침 2시간은 듣기, 오후 2시간은 어휘, 저녁 2시간은 섀도잉/ 화요일 아침 2시간은 구동사와 관용어, 오후 2시간은 읽기와 독해, 저녁 2시간은 섀도잉을 겸한 듣기' 이런 식으로 배치하는 것이 효과적이다. 40~50분마다 5~10분 정도 쉬는 시간을 확보하면서 공부하면 한층 효율을 높일 수 있고, 이보다 시간을 더 잘게 쪼개는 것도 방법이 될 수 있다.

마지막으로, 지금 이 단계에서 가장 중요한 것은 바로 '반복 학습'이라는 것을 강조하고 싶다. 아무리 어려운 것도 끝없이 반복하면 결국 들리게 되어 있고, 아무리 안 되는 발음도 계속 시도하다 보면 결국 할 수 있게 된다.

약간의 여담을 하면, 내게는 이 반복 학습의 중요성과 놀라운 효과를 실감할 수 있었던 경험이 있다. 친한 선배들과 함께 프랑스 남부지방에 갔을 때의 일이다. 선배 둘 다 외국어랑은 담을 쌓은 사람들인 데다 영어도 아닌 프랑스어를 쓰는 나라에 있다 보니 나에게 많이 의지하며 여행을 하게 되었다.

당시 우리는 차를 렌트해서 프로방스 지방을 돌아다니고 있었는데, 초행길이라 쉼 없이 내비게이션의 안내를 받아야 했다. 단조로운 시골길을 안내하는 내비게이션 속 프랑스 남자는 '약 50m 후에 우회전, 그 다음엔 직진', 혹은 '약 100m 후에 로터리 나옴, 그곳에서 직진', 이런 말을 끝없이 반복했다. 그렇게 며칠이 지난 후 한 선배가 갑자기 내게 물었다.

"뚜흐네 아 드루왓 아프레 윈 생컹텐 드 메트르, 쀠이 콩티누에 뚜 드르와' 이게 무슨 뜻이야?"

그 순간 나는 정말 소스라치게 놀라고 말았는데, 프랑스어의 '프'자도 모르는 선배의 입에서 완벽한 문장이 튀어나왔기 때문이다. 그것은 바로 'Tournez à droite après une cinquantaine de mètres, puis continuez tout droit', 내비게이션 속 남자가 수없이 반복해 말하던 '약 50m 후에 우회전, 그 다음엔 직진하세요'라는 말이었다. 선배는 프랑스어를 배운 적이 없고 젊은 나이도 아니었다. 내비게이션에 자막이 있었을 리도 만무했다. 이것이 가능했던 것은 오로지 '반복해서 듣기' 덕분이었다. 이처럼 외국어 공부에서 '반복 학습'은 놀라운 힘을 발휘한다.

내가 굳이 이 추억을 끄집어 낸 이유는 당신도 할 수 있다는 것을 말해주고 싶었기 때문이다. 처음엔 갈 길이 멀어 보이겠지만 지레 포기할 필요도, 기죽을 이유도 없다. 끈기 있게 반복 학습을 하는 것이 답인데, 앞에 제시한 다양한 방법을 활용한다면 그 효과는 배가 될 것이다. 이렇게 해서 될까? 나도 할 수 있을까? 이런 의구심들을 다 던져 버리고 일단 실행하는 것, 그것이 지금 해야 할 일이다. 분명히 말해두지만 당신도 할 수 있다!

04

읽기와쓰기 부담 없이 시작하는 3단계 훈련법

외국어 공부를 할 때는 듣기, 말하기, 읽기, 쓰기의 균형을 맞추는 것이 중요하다. 4가지 영역의 수준을 비슷하게 끌고 가는 것이 쉽지 않고 외국어를 배우는 목적에 따라 자신에게 크게 필요 없는 분야가 있을 수 있지만, 골고루 학습하고 훈련해야 실력이 빨리 향상될 수 있다.

읽기와 쓰기는 모두 텍스트를 기반으로 하지만, 그중에서 읽기는 어휘 외에도 듣기와 밀접한 관련이 있다. 발음을 잘 이해하고 들을 수 있어야 읽는 것도 더 잘할 수 있기 때문이다. 가장 처음에 다루었던 발음 공부를 충실히 했다면 읽기 연습을 할 때 도움이 될 것이다. 만약 그렇게 하지 못했다면 지금이라도 틈틈이 발음을 찾아 익혀 두기를 권한다. 읽기는 다음 2가지로 크게 나눌 수 있다.

- 소리 내어 읽기
- 독해를 위한 읽기

특히 '소리 내어 읽기'는 발음을 제대로 알지 못하면 하기 어렵고, 말하기에도 영향을 미치게 된다. 이번에는 읽기와 쓰기 연습을 어떻게 하면 되는지 알아보자.

읽기의 기본

읽기 연습을 하기 위해 가장 처음으로 해야 하는 일은 바로 현재 자기 수준에 맞는 자료를 선택하는 것이다. 학습자들이 읽기를 어렵게 느끼는 이유는 무의식적으로 자신의 외국어 실력이 아닌 모국어 수준에 맞춘 자료를 선택하기 때문이다. 아무리 나이가 많고 지적인 사람이라도 새로운 언어를 배울 때는 뉴스나 사설이 아니라 동화책부터 시작하는 게 효과적일 수 있는데, 거기까지 생각을 못하거나 그렇게 해서는 실력이 늘 것 같지 않는다고 지레짐작해 버리는 게 문제다.

읽기 연습 자료의 경우 학습자의 관심사도 중요하지만, 레벨이 알맞아야 언어 공부에 도움이 된다. 그러니 수준을 맞추는 것이 먼저, 그다음에 관심 분야 혹은 흥미가 생기는 주제를 선택하는 순서가 되어야 한다. 외국어 학습에서 읽기 연습을 위한 자료는 너무 쉬워도 안 되지만 너무 어려운 것 역시 도움이 되지 않는다.

그렇다면 적당한 수준의 자료란 건 어떤 것일까? 눈으로 한 번 쭉 훑었을 때 모르는 단어나 표현, 즉 사전을 찾아봐야 하는 어휘가 20~30% 정도 섞여 있으면 최적의 교재라고 보면 된다. 너무 쉬운 교재를 쓰면 실력이 늘지 않고, 지나치게 어려운 교재를 선택하면 얼마 가지 않아 포기하게 된다. 따라서 사전 없이도 전체적인 내용을 대강 짐작할 수 있지만 모르는 단어도 적당히 섞여 있는 수준이면 적절하다고 하겠다. 앞서 이해를 돕기 위해 초급자의 경우 뉴스나 사설은 좋지 않은 교재라고 언급했지만, 뉴스 기사 중에도 쉬운 것이 있다면 물론 활용할 수 있다.

영어를 공부하는 독자 중에 자신의 취향에 맞는 읽기 자료를 취사선택할 시간이 없어 더 손쉽게 자료를 구할 방법을 알고 싶은 사람이 있다면 구글에서 'graded reading books'를 검색해 보길 바란다. 다양한 수준의 영어 학습자들이 읽기 연습을 할 수 있는 여러 장르의 자료 모음집을 무료로 다운받을 수 있는 사이트가 검색된다. 몇 가지를 비교해 보고 원하는 것이 있으면 pdf로 다운을 받아서 바로 교재로 사용 가능한데 정말 유용하다. 이 단계에서는 최대한 짧고 단순한 문장으로 된 자료를 사용하는 것이 좋다.

다른 영역들도 마찬가지이지만 읽기는 듣기와 마찬가지로 연습량의 싸움이다. 즉, 투자한 시간만큼 비례해서 결과가 나오는 것이 바로 읽기다. 따라서 오랫동안 꾸준히 훈련에 매진해야 하는데 이때 몇 가지 요령이 있다.

우선 하루에 몰아서 읽기보다는 적은 시간이라도 매일 투자하는 게 낫다. 단 10~20분이라 할지라도 매일 읽는 것이 하루에 2시간을 할애한 다음 열흘간 책을 열어 보지도 않는 것보다 훨씬 낫다는 얘기다. 또 다양한 주제와 포맷의 자료를 섞어 읽는 것을 추천한다. 특정 신문의 경제 기사에만 집중한다거나, 한 작가의 소설만 연속으로 읽으면 그 문투에 익숙해져 다른 글을 읽을 때 힘들어진다.

읽기 연습을 위한 이상적인 계획은 이런 것이 될 수 있다. 월요일은 좋아하는 블로그의 글을, 화요일은 문화 잡지의 리뷰를,

수요일은 해외 토픽 기사를, 목요일은 가벼운 에세이를, 금요일은 팝송 가사를, 토요일은 동화책을 읽어 보는 식으로 나름대로의 스케줄을 짜는 것이다.

한 주간 읽을거리를 정하면 시간표에 적어서 눈에 띄도록 붙여두고 하나씩 달성할 때마다 체크하는 것도 동기 부여를 위해 좋은 방법이다. 반드시 기억해야 할 것은, 정해진 자료를 100% 다 끝내는데 집착하지 말아야 한다는 것이다. 그보다는 빠뜨리지 않고 매일 무언가를 읽는 것이 훨씬 더 중요하다.

앞서 읽기를 '소리 내어 읽기'와 '독해를 위한 읽기'로 구분했는데, 예를 들어 하루에 20분씩 읽기를 한다면 5~7분 정도는 소리 내어 읽기를 하고, 나머지는 독해 연습을 하는 계획을 세워볼 수 있다. 소리 내어 읽기는 외국어 알파벳을 눈으로 빠르게 읽어나가는 힘을 기르고 발음에 능숙해지기 위해 입 근육을 풀어주는 운동이라고 생각하면 된다. 따라서 어려운 텍스트가 더더욱 필요 없다. 자기 수준보다 약간 낮은 것을 택해 큰 소리로 빠르게 읽는 것이 가장 효과적이다. 그리고 읽을 때마다 시간을 재면서 비교해보는 것도 도움이 된다.

이 과정이 끝나면 '독해'에 해당하는 읽기를 하면 되는데, 전체적인 내용을 한번 훑어보면서 모르는 단어나 표현에 밑줄을 그어 표시하고, 그 어휘들의 뜻을 찾아 이해한 다음 다시 한 번 내용을 이해하며 읽는 과정을 거치면 된다.

읽기 실력을 연마하기 위해서는 어휘와 문법 공부를 병행하는 것이 필수다. 읽기를 하다 보면 어휘 실력이 자연스럽게 늘지만, 어휘와 문법 공부를 별도로 하면서 읽기 훈련을 하면 시너지 효과가 난다. 단어, 구동사, 관용어구를 익히면서 헷갈리는 부분의 문법을 틈틈이 찾아 확인하는 것만으로도 큰 도움이 될 수 있다.

이렇게 하다 보면 읽기 연습의 자료도 아주 쉬운 것에서 차차 어려운 것으로 자연스럽게 수준을 높일 수 있고, 한 달간 꾸준히 노력하면 기대 이상으로 발전된 자신의 모습을 발견할 수 있을 것이다. 뿐만 아니라, 읽기는 습관의 문제이기도 해서 이 단계를 잘 밟은 사람들은 이후의 시간을 한결 수월하게 보낼 수 있으니 기대하시라!

지금 당장 시작하는 3단계 글쓰기

외국어를 배울 때 어렵지 않은 분야가 없지만 쓰기의 경우, 특히 모국어로 하는 작문에 숙련되어 있지 않으면 아예 엄두도 나지 않을 가능성이 높다. 쓰기를 잘하기 위해선 어휘, 문법뿐만 아니라 논리성과 어떤 이야기를 담을지에 대한 본인의 생각 정리 또한 필요해서 더 어렵게 느껴진다.

그런데 이 점을 뒤집어 생각하면 쓰기 연습을 어떻게 해야 하는지에 대한 아이디어를 얻을 수 있다. 그리고 원어민들조차 어렵게 느껴진다는 사실을 기억하면 약간은 위안이 될 수도 있다. 그럼 지금부터 글쓰기 요령을 하나씩 함께 알아보자.

글을 쓰는 일이 너무 힘들게 느껴진다면 우선 필사를 해보는 것이 좋은 대안이 될 수 있다. 적당한 수준의 에세이를 정해서 전체를 베껴 써보는 것이다. 이때 한 글자 혹은 한 단어를 옮겨 적는 것에 집착하지 말고 한 문장씩 끊어 문맥을 파악하고, 한 문단을 옮겨 적을 때마다 전체 글 속에서 그 문단이 어떤 의미인지 이해하려 노력해야 한다. 더불어 전체 글의 흐름이 어떻게 이어지는지까지 최종적으로 살펴보는 것이 중요하다. 그럼 이제 본격적으로 '내 글'을 쓰는 요령을 살펴보자.

Step 1. 누구에게, 무엇을, 어떤 목적으로 쓸 것인가를 정한다.

일기를 쓴다면 '목적'은 내 자신을 위한 기록이 될 것이고, 하루 일과가 '무엇'에 해당할 것이다. 사업상 이메일을 쓴다면 클라이언트에게 쓰는 글이므로 목적이 '정보 전달' 또는 '설득'일 것이다. 학교나 새로운 직장에 지원서를 쓰는 것이라면 본인의 장점을 효과적으로 전달하면서도 일정한 형식에 맞추는 것이 중요하고, 친구에게 편지를 쓴다면 그보다는 자유롭지만 전하고 싶은 메시지를 잘 녹여내는 방법을 생각해 보는 것이 도움이 될 것이다. 어떤 경우라도 가장 중요한 건 '상대가 무엇을 듣고 싶어 하는가?' 혹은 '상대에게 꼭 전해야 하는 말의 요지가 무엇인가?' 하는 것이다.

Step 2. 글의 골격을 잡는다.

글을 쓰기 전에 전체 개요를 먼저 정리한다. 기승전결이 포함된 흐름을 어떻게 가져갈 것인지, 꼭 포함할 내용은 무엇이고 빼야 하는 것은 어떤 것인지, 길이는 어느 정도가 적당할지, 문투는 어떤 것이 좋을지도 고민해서 적어두면 도움이 된다.

첫마디는 무엇으로 하고 어떻게 도입부를 열 것인가, 어떻게 마무리할 것인가, 에둘러서 말하는 것이 좋은가 아니면 단도직입적으로 표현하는 것이 좋은가, 장황하게 보일지라도 자세한 설명이 좋을까, 간략할수록 좋을까 등은 모두 상대의 입장에서 생각하고 결정해야 한다.

그것이 심사위원이든 클라이언트이든 친구이든 간에 글을 보내는 목적에 맞도록, 무엇보다 문화적으로 어떤 것을 선호하는지 고려해야 실패 확률이 적다. 예를 들어 일본에서는 이메일을 쓸 때 서두에 안부를 공손하게 묻는 내용이 길게 들어가야 하지만, 미국이나 유럽권에서는 용건을 최대한 간단하고 명료하게 쓰는 것이 일반적이다.

일단 틀이 잡히면 전체 글을 '도입, 본문, 마무리' 이렇게 크게 세 덩어리로 구분한다. 본문 같은 경우 두세 개의 작은 문단으로 다시 세분화할 수도 있다. 그 후엔 문단별로 어떤 이야기를 담을 것인지에 대한 아이디어와 핵심 메시지가 무엇인지를 정하는 과정이 필요하다. 각각의 문단은 너무 길지 않게 적당한 길이로 잘라주고 되도록 한 문단에 여러 내용이 한꺼번에 들어가는 것은 피하는 것이 좋다.

Step 3. 주제가 정해지면 글과 연관된 단어와 표현을 정리한다.

모국어로 글을 쓸 때는 알고 있는 단어들을 때에 따라 바로 머리에서 꺼내 쓰는 것이 어렵지 않은데 외국어는 그렇지 않다. 고급 이상의 실력이 되면 다른 접근이 필요하겠지만 초급이나 중급의 경우에는 필요한 단어와 표현을 미리 정리해 보는 것이 바람직하다. 특히 동의어들을 뽑아 보거나, 관용어 등의 목록을 만들어 놓고 시작하면 훨씬 더 다채로운 표현을 시도해 볼 수 있는데 이런 식으로 자기 글 속에 한 번 사용해 본 표현은 오래 기억할 수 있게 된다.

다음은 말 그대로 쓰면 된다. 기획과 틀 잡기가 끝나고 사용할 단어들까지 생각했으니 모든 준비를 마친 셈이다. 외국어를 배우는 목적에 따라 자기소개 에세이를 써볼 수도 있고, 사업 이메일을 써볼 수도 있지만, 매일 조금씩 글쓰기를 연습하는데 가장 좋은 것은 '일기'이다.

일상 속 사건과 감정을 기록하는 것은 비교적 쉽고 소재도 넘쳐 날뿐더러, 매일 써야 하는 글이다 보니 습관을 들이는 데에도 유용하다. 일정한 시간을 정해 놓고 하는 것이 좋은 건 두말할 필요도 없다.

끝으로, 영어 작문 시 유의해야 할 사항들을 몇 가지 정리하면 다음과 같다. 우선 간결할수록 좋다는 것이다. 1차 작문을 할 때 미리 신경 쓸 수 있으면 더 좋겠지만 그렇게 할 수 없다면 초안 작성을 마친 후, 반드시 한 번 리뷰를 하면서 쓸데없는 단어를 빼고, 줄일 수 있는 것은 최대한 축약해서 문장을 촘촘하게 만드는 과정이 필요하다.

예를 들어 'very tired' 대신에 'exhausted'를 쓴다거나 'get better' 대신에 'improve'를 사용하는 식으로 단어 수를 줄이고, 좀 더 확실하게 의미가 함축된 단어로 교체하는 것이 요령이다. 부사는 되도록 많이 쓰지 않는 것이 좋은데 이건 한국어 작문에서도 마찬가지다.

문장은 가능한 한 짧게, 누가 봐도 쉽게 읽히도록 쓴 것이 좋은 글이다. 단어 수로 따지면 한 문장에 포함되는 단어가 10개를 넘지 않도록 하는 것이 이상적이다. 어쩔 수 없이 넘치는 경우에도 되도록 많이 초과되지 않도록 하는 게 바람직하다.

정말 글을 잘 쓰는 작가들은 만연체의 문장을 쓰면서도 매력적으로 기술하겠지만 지금 우리는 그런 걸 추구하는 단계가 아니다. 또 문화권에 따라 긴 문장이 전혀 흠이 되지 않는 경우도 있다. 스페인어 문화권에서는 화려한 수식이 많이 들어가는 장황한 설명과 묘사에 거부감이 없기 때문에 문학 작품 속에 한 페이지가 넘는 문장도 간혹 등장한다. 하지만 이런 것들은 일반적인 예가 아니다. 오죽하면 셰익스피어Shakespeare가 좋은 글 쓰는 요령 3가지를 '첫째도 cut, 둘째도 cut, 셋째도 cut'이라고 했을까.

이제는 글을 쓰는 일만 남았다. 혹시 아직도 두려움이 앞선다면 이렇게 말해 주고 싶다. 그 두려움은 당신이 준비되지 않았기 때문에 생기는 것이 아니라, 완벽해지려는 강박관념이 만들어 낸 허상이라고. 그러니 이제 용기를 내보자. 간단한 글짓기부터, 매일 꾸준히, 오늘부터 당장 시작해보자!

05
PART

100일 법칙 3단계

독립 연습

앞으로의 시간이 두려울 수도 있겠지만 곧 알게 될 것이다.
끝없는 외국어 공부의 여정에는 힘든 고비의 순간이 늘 도사리고 있지만
그만큼 짜릿하고 기쁜 경험도 많이 하게 될 거라는 사실을!

01

듣기 외국어가 모국어처럼 들리게 만드는 오디오북 공부법

어느덧 100일 공부법 중 마지막 단계에 이르렀다. 이번 장에서는 듣기, 말하기, 쓰기, 읽기 각 분야의 심화학습을 위한 구체적인 방법에 대해 알아볼 예정이다. 여기까지 열심히 잘 따라왔다면 아마 지금쯤 외국어 공부에 한창 재미를 느끼기 시작했을 것이다. 물론 동시에 궁금한 것도 많아졌을 것이고, 더 폭발적으로 실력을 업그레이드시킬 방법은 없을까 조바심이 나기도 할 것이다.

이때가 아주 중요한 시점이다. 워밍업을 끝내고 탄력을 받기 시작하면서 앞으로 더 확 치고 나아가 독립적으로 발전해 나갈 수 있는 언어 학습자가 되느냐, 아니면 그간의 노력이 허무하게 힘이 빠져 버리느냐 하는 것이 여기서 결정될 수 있기 때문이다. 그러니 마음을 가다듬고 첫발을 뗄 때의 다짐을 떠올리면서, 지금부터 시작되는 '100일 학습법 마지막 단계'를 한 걸음씩 함께 가보자!

외국어를 배우는 사람들에게 듣기, 말하기, 읽기, 쓰기 중 어떤 것이 가장 어렵냐고 물어보면 압도적으로 많은 이들이 '듣기' 영역이라는 답을 내놓는다. 실제로는 말하기를 더 못하거나 쓰기 실력이 부족해도 사람들이 체감하는 언어 학습의 고충은 '듣기'에 집중되어 있다. 그 이유가 뭘까? 읽기나 쓰기는 어떻게든 사전을 찾아서라도 할 수 있고, 말하기는 실력이 부족해도 더듬더듬 시도해볼 수 있는데 듣기의 경우 귀가 트이지 않으면 그야말로 속수무책이기 때문 아닐까.

공중으로 분해되어 날아가는 단어를 억지로 집어다 귀에 넣을 수도 없고, 찰나의 순간을 포착하는 능력을 필요로 하다 보니 두려움마저 느끼는 것이리라. 게다가 듣기의 경우 화자가 누구냐에 따라 어휘, 발음, 억양 등의 변화 폭이 크기 때문에 좀처럼 자신감을 갖기 힘든 것이다.

하지만 아무리 난감하게 느껴지는 영역이라 해도 듣기 연습을 등한시해서는 안 된다. 듣기를 정복하지 못하면, 나머지 영역들에 줄줄이 빨간불이 켜지기 때문이다. 특히 한국인들이 가장 취약한 말하기와는 떼려야 뗄 수 없는 관계에 있기 때문에 힘들수록 더 정면으로 맞서야 한다.

듣기는 원어민이 아닌 다음에야 아무리 오래 공부한 사람도 계속 어렵게 느낀다. 그래서 100일 법칙을 시작할 때 다른 어떤 것보다도 먼저 실행해야 할 일로 일상생활 속 모든 소리를 해당 외국어로 바꾸기를 권했고 〈PART 4〉에서도 섀도잉을 비롯한 듣기 훈련 과정을 따로 다룬 바 있다.

앞서 소개한 방법들을 충실히 이행해 어느 정도 듣기 실력에 가속이 붙었다면 심화훈련으로 '오디오북 듣기'를 권한다. 사실은 오디오북에 한정 짓기보다 장르에 상관없이 다양한 오디오 콘텐츠를 활용해 볼 수 있다.

대본만 구할 수 있다면 팟캐스트도 좋고, 라디오 방송이나 외국어 학습용 교재도 좋다. 이 중 어떤 것을 선택하든지 중요한 것은 '본인의 관심사와 관련된 콘텐츠'를 고르는 것이다. 오디오북을 활용하는 훈련법은 비교적 간단하다.

오디오북을 활용한 듣기 훈련

❶ 앞서 했던 듣기 훈련보다 한 단계 높은 수준의 자료를 선정한다.

❷ 대본 없이 오디오북을 집중해서 듣는다. 목표를 1페이지씩 끊는 것
으로 하되 벅차다는 느낌이 들면 문단 단위로 끊어도 무방하다.

❸ 대본을 보며 다시 오디오북을 듣는다. 몰랐던 표현과 알았지만 들
리지 않았던 표현 등을 따로 표시한다.

❹ 몰랐던 표현들의 의미를 찾아 공부한다.

❺ 대본 없이 다시 오디오북을 듣는다.

오디오북을 활용해 할 수 있는 또 하나의 듣기 훈련법이 있는
데 바로 '받아쓰기'다. 받아쓰기는 듣기뿐만 아니라 여러 영역에
걸쳐 언어 실력을 입체적으로 향상해주는 아주 좋은 방법이지
만 그중에서도 듣기 능력 강화에 많은 도움이 되기에 여기 포함
시킨다.

말 그대로 초등학교에서 한글을 배울 때 했던 것처럼 받아쓰
기를 하면 된다. 자료로는 적어도 60~70% 정도 이해 가능한
수준의 콘텐츠를 선정하는 것이 좋다.

대본을 확보했다 하더라도 그것을 미리 펼쳐 보지 말고 다음
순서를 따르자.

오디오북을 활용한 받아쓰기

❶ 준비된 콘텐츠를 들으며 가능한 만큼 1차 받아쓰기를 한다. 한 문장이 끝날 때마다 멈추고 받아쓰되 사전을 찾거나 반복해 듣지 않도록 한다. 많은 내용이 들리지 않더라도 걱정할 필요는 없다. 할 수 있는 한도 내에서 들리는 만큼 받아쓰는 것 자체에 의의를 둔다.

❷ 다시 처음으로 돌아가, 이번에는 멈추지 않고 같은 내용을 들으면서 1차로 받아썼던 내용을 보완한다. 난이도를 높이고 싶으면 ❶번 과정을 건너뛰고 처음부터 멈추지 않고 받아쓰는 연습을 한다.

❸ 다시 한 번 같은 내용을 들으면서 '받아쓴 내용'이 아니라 해당 '대본'을 눈으로 따라가며 읽는다.

❹ 이번에는 대본을 접어 두고, 다시 처음으로 돌아가 같은 내용을 들으면서 받아쓰기 했던 내용 중 수정이 필요하거나 빠진 것들을 적어 넣는다.

❺ 콘텐츠의 대본과 본인이 받아쓰기 한 것을 비교해가며 끝까지 들리지 않았던 부분을 점검한다.

❻ 처음부터 같은 내용을 들으면서 다시 한 번 새롭게 받아쓰기를 한다.

'받아쓰기'는 정말 강력히 추천하고 싶은 공부법이다. 100일 학습이 끝난 후에도 레벨을 높여가며 받아쓰기를 계속하면 듣기와 어휘 실력이 빠른 속도로 늘게 된다. 그사이 읽기 실력이 자기도 모르게 향상되면서 이 모든 것은 '말하기' 수준이 눈에 띄게 달라지는 데에도 영향을 미친다. 물론 하루아침에 그 효과가 나타나지 않지만 보이지 않는 변화가 쌓이고 쌓여 어느 날 한층 풍부한 어휘와 듣기, 그리고 말하기 실력을 갖추게 되는 놀라운 경험을 하게 될 것이다.

앞에 언급한 오디오북을 활용한 듣기 훈련과 받아쓰기의 경우 공통으로 지켜야 하는 2가지 사항이 있다. 하나는 꾸준히 해야 한다는 것이고, 또 하나는 되도록 대본에 의존하지 말아야 한다는 것이다. 전자의 경우 언어 공부를 하는 데 있어 거의 모든 영역과 훈련에 해당하는 것이라 설명이 필요 없지만, 후자의 경우는 약간의 부연 설명이 필요할 것 같다.

듣기 훈련을 할 때 되도록 대본이나 자막을 보지 말아야 하는 중요한 이유가 있다. 같은 내용을 문자로 보는 순간 듣기가 아니라 읽기 연습을 하게 되기 때문이다. 눈에 보이는 글자가 없을 때 우리 뇌는 그 내용을 이해하기 위해 온 신경을 귀에 집중하는데, 문자를 통해 다른 경로로 정보가 입수되기 시작하면 듣기에 집중하기 어렵다. 따라서 읽기 연습을 하려는 의도가 아니라면, 원고나 자막은 부득이한 경우, 즉 도저히 알아듣지 못해서 확인이 필요할 때만 활용하는 것을 원칙으로 해야 한다.

어느 정도 실력이 늘면 한 단계 높은 수준의 영상 콘텐츠를 최대한 많이 접하자. 영화, 다큐멘터리, TV 드라마 시리즈, 시트콤, 유튜브, 팟캐스트 등 그 무엇이든 상관없이 많은 양을 접할수록 좋다. 다만 이때도 늘 기억해야 하는 것은 자막을 최대한 멀리한다는 원칙이다.

영상 콘텐츠를 활용한 듣기 공부 패턴

내가 외국어를 배울 때 영상 콘텐츠를 활용해 듣기 공부를 하는 패턴은 다음과 같다.

❶ 자막 없이 전체 콘텐츠를 시청한다.

❷ 원어 자막을 켜고 전체 콘텐츠를 다시 시청하면서 몰랐던 표현들을 받아쓴다. 그러나 새롭게 배워야 할 표현을 적는 시간을 제외하고는 의도적으로 자막을 보지 않고 듣기에만 최대한 집중한다.

❸ 몰랐던 표현들의 리스트가 만들어지면 하나씩 뜻을 찾아 암기한다.

❹ 다시 한 번 자막 없이 전체 콘텐츠를 시청한다.

이 과정이 익숙해지면, 콘텐츠에 변화를 줌으로써 좀 더 과감한 도전을 해볼 수도 있다. 이를테면, 뉴스나 토론 프로그램 혹은 코미디 프로그램을 시청하는 것이다. 이 중에서 뉴스는 앵커들이 명확한 발음으로 진행을 하고, 시사 상식을 알고 있으면 이해가 빠르므로 다른 것들보다 오히려 쉽게 접할 수 있다.

의외로 가장 어려운 것이 코미디인데 그 이유는 문화적인 배경과 그들만의 유머 코드를 모르면 말을 다 알아듣는다고 해도 공감할 수가 없기 때문이다. 그러나 이 단계까지 갈 수만 있다면 코미디 시청은 정말 훌륭한 학습법이다.

듣기 실력을 강화할 수 있는 몇 가지 팁

지금까지 듣기 심화 방법을 소개했다. 이와 더불어 듣기 실력을 강화할 수 있는 몇 가지 팁을 공유한다.

1. 같은 언어권에 있는 다양한 나라 사람들의 말을 접한다.

한국어처럼 한 나라에서만 사용하는 언어도 있지만, 여러 나라에서 공용어로 채택하거나 방대한 지역에 걸쳐 사용되는 언어들도 많다. 영어, 스페인어, 중국어, 아랍어 등이 그 예인데, 이런 언어들의 경우 각 지역마다 억양과 발음, 사용하는 어휘가 다르다. 한 언어를 마스터하고 싶다면 편식을 피하는 것이 좋다는 게 나의 철학이다.

따라서 영어를 배우는 사람이라면 미국식 영어뿐만 아니라 영국, 호주, 싱가포르, 남아공 등의 영어를 다양하게 접하고, 스페인어를 배운다면 스페인뿐만 아니라 중남미 각 나라에서 쓰는 스페인어도 많이 들으면 나중에 그 언어를 사용할 수 있는 반경을 넓히는 효과를 누릴 수 있다. 예를 들면 월요일은 미국 시트콤을, 화요일은 영국 영화를, 수요일은 호주 다큐멘터리를 보는 식으로 다양한 발음을 접할 수 있는 콘텐츠를 이용해 '나만의 학습 계획표'를 짜서 실행해보자.

2. 다양한 화자의 말을 듣는다.

나라별 억양과 발음을 듣는 것 못지않게 중요한 것은 다양한 화자의 말을 듣는 것이다. 예를 들어 남자, 여자, 아이, 학생, 젊은이, 노인의 말을 번갈아가며 접하면 듣기 실력이 크게 향상될 수 있다. 이것은 시트콤이나 드라마, 영화를 보면 어느 정도 해소가 되는 부분인데 항상 의식적으로 신경을 쓰면 더 좋다.

영화나 드라마처럼 인위적으로 제작된 영상보다 실제 그 언어 사용자들이 말하는 것을 들어보면 가장 이상적이지만, 어떻게 하면 다양한 화자의 자연스러운 말을 들을 수 있을지 몰라 막막할 수 있다.

인터넷을 잘 활용하면 쓸모 있는 정보들을 찾을 수 있는데, 그중 하나를 소개하면 바로 ello.org라는 사이트이다. 일본에서 영어 교육에 전념해 온 리츠메이칸 아시아태평양대학의 토드 뷰큰스Todd Beuckens 교수가 대학원 프로젝트용으로 만들었다가 반응이 좋아 계속 열어두고 있는데, 전 세계 100여 개 국가에 사는 300여 명의 사람들이 평소 말투로 이야기하는 영상 2,500여 개가 올라와 있고 각각의 대본을 무료로 받아볼 수 있다.

이 사이트의 장점은 나이, 성별, 국적이 다른 평범한 사람들의 다양한 발음과 억양을 들어볼 수 있다는 점, 그리고 해당 대본을 듣기뿐만 아니라 섀도잉이나 받아쓰기 등을 위한 자료로도 활용할 수 있다는 점이다.

3. 모든 단어를 다 이해할 필요가 없다는 사실을 명심한다.

우리가 한국어로 대화할 때를 생각해보면, 상대의 말을 듣고 단어 하나하나를 분석하는 것이 아니라 전체적인 문맥을 파악해 내용을 이해한다는 것을 알 수 있다. 외국어에서도 마찬가지로 상대의 의도를 말의 뉘앙스로 알아채는 것이 실제 듣기 실력을 결정짓는 열쇠가 될 수 있다. 바로 이런 이유로 눈치 빠른 사람들이 외국어를 월등히 잘하고, 외국어를 배우면 배울수록 눈치가 빨라진다. 우스갯소리 같이 들릴 수도 있지만 사실이다. 그러니 듣기 훈련을 하는 동안 부디 작은 요소들에 집착하는 대신 전체 문맥과 뉘앙스 파악에 더 힘 쏟기를 당부한다.

자, 지금은 고지에 이르기 전 마지막 단계이다. 이미 얼마나 열심히 노력해서 여기까지 왔는지를 생각하며 자부심을 갖고 다시 한번 힘을 내보자. 자막 없이도 자유롭게 영국 드라마, 미국 드라마를 보고 외국인 친구들과 대화하는 날이 점점 다가오고 있다는 사실에 기뻐하면서!

02

말하기 혼자 하는 말하기 연습
거울 훈련법

들기, 말하기, 읽기, 쓰기 영역 모두 나름의 어려움이 있지만 들기와 말하기는 우열을 가리기 힘들 정도로 한국인들이 자신 없어 하는 영역이다. 특히 말하기의 경우 혼자 연습하는 것이 쉽지 않아 고민이 많을 수 있다. 결론부터 얘기하면, 말하기 실력을 향상하는 데에는 현지인들과 시간을 보내는 것만 한 게 없다. 하지만 누구나 어학연수를 훌쩍 떠날 수 있는 것이 아니므로, 여기서는 현실적인 문제를 고려하여 최대한 효과를 볼 수 있는 방법들을 제안하려 한다.

우선, 내 경험상 본토에 가서 공부하는 것만큼은 아니지만, 한국에 머무르면서도 어느 수준까지는 말하기 실력을 쌓을 수 있다는 것을 확실히 말해두고 싶다. 그러니 이 책을 읽는 독자들도 용기를 냈으면 한다. 훨씬 더 많은 노력을 쏟아야 하지만, 불가능한 일은 아니다.

어떤 일이든 지속되는 열정이 있는 경우 원하는 바를 이룰 확률이 높아지는데, 언어 공부는 더더욱 그렇다. 굳은 의지를 갖고 꾸준히 노력하면 그 어떤 상황에서도 남부럽지 않은 실력을 쌓을 수 있다. 중요한 것은 환경이 아니라 자신의 마음가짐이다.

〈PART 3〉에서 '발음 연습, 들리는 모든 소리 따라 해보기, 간단한 혼잣말을 배우고 있는 외국어로 하기' 이렇게 3가지를 말하기 준비운동으로 제안한 바 있다. 〈PART 4〉에서도 섀도잉 등을 통해 간접적으로 말하기 훈련하는 법을 추가 설명했다. 모두 충실히 실천했다고 믿고, 이번에는 한 단계 심화된 셀프 말하기 연습법을 소개한다.

1. 거울을 활용한 하루 두 번 스피치 연습

매일 아침과 저녁, 하루 일과를 주제로 거울 속의 자기 자신과 대화하는 것이다. 아침에는 오늘 어떤 일을 할 것인지를 정리해서 말하고, 저녁에는 그날 어떤 일이 있었는지를 이야기하는 것이 미션이다.

처음엔 뜻대로 잘되지 않을 가능성이 크기 때문에 미리 원고를 작성해 보는 것도 방법이다. 사실 '원고'라고 거창하게 말할 필요도 없는 것이 5~10줄 정도의 이야깃거리만 준비해도 매일 실천할 수만 있다면 대성공이다.

아침에는 주로 그날의 컨디션, 하루 중 계획된 일정과 기분에 대해 현재와 미래형으로 말할 수 있을 것이고, 저녁에는 과거형으로 그날 있었던 사건, 만났던 사람, 먹었던 음식과 기분 등에 대해 얘기할 수 있을 것이다. 거울을 보며 하는 이유는 자신의 입 모양을 관찰할 수 있고 표정과 제스처까지도 점검해 볼 수 있기 때문이다.

우리가 '언어'라고 칭하는 것에는 말과 글뿐만 아니라 눈빛, 표정, 몸짓 등이 다 포함되는데 서구의 언어와 문화권에서는 더욱 그러하다. 뻣뻣하게 서서 말로만 메시지를 전하는 경우가 드물고 다양한 표정과 제스처가 큰 몫을 하기 때문에 영화나 기타 영상 속에서 봤던 원어민들을 떠올리면서 자연스럽게 말하는 연습을 하는 것이 중요하다.

또한 스스로 느끼기에는 충분히 입을 움직이고 있는 것 같아도 막상 거울에 비춰 보면 우물거리고 있는 경우도 있다. 말을 잘하는 첫 번째 길은 입을 크게 벌려 모음을 정확하게 발음해서 전달력을 높이는 것이니 만큼 연습할 때 이런 부분을 점검하면 도움이 된다.

더구나 개인적인 사건을 주제로 말하기 연습을 하는 것은 자기도 모르게 감정선을 자극하기 때문에 아주 좋은 훈련법이다. 매일 거울을 보며 일상의 계획이나 감상을 소재로 이야기를 한다면 더할 나위가 없다 할 수 있겠다. 시간적 여유가 있거나 열정이 받쳐 준다면 얼마든지 더 긴 내용을 준비해서 시도해 보거나 횟수를 늘려도 좋다. 언제나 그렇듯 중요한 것은 빠짐없이 지속적으로 하는 것이다.

2. 1일 1패턴 익히기

〈PART 4〉에서 기본 패턴에 집중하는 공부법을 소개한 바 있다. 총 10개의 영어문장 패턴을 예로 들었었는데 월요일부터 금요일까지 한 가지씩 연습하면 2주 만에 10개 패턴을 다 훑을 수 있고, 한 달 동안 이 루틴을 두 번 반복하는 것이 가능하다. 이것은 따로 시간을 정하지 않고 수시로 실행해야 하는 것인데, 쉽게 말해서 의도적으로 한 가지 패턴만을 사용해 집중적으로 문장을 만들어 보는 것이다.

예를 들어 오늘은 타동사 패턴 중 '주어 + 타동사 + 직접 목적어 + 형용사'를 연습하겠다고 마음먹으면 하루 종일 눈에 보이거나 머리에 떠오르는 것들을 활용해 이런 형식의 문장을 만들어 말하는 것이다.

- Having an espresso keeps me awake.
- The rush hour traffic drives me crazy.
- My boss makes me nervous.

이렇게 상황에 따라 가능한 문장들을 연습하면서 하루를 보내고 다음 날은 또 다른 패턴을 연습하는 식이다.

너무 쉽게 느껴지면 수식어 등을 붙여서 조금 더 강도 높은 도전을 하는 것도 좋다. 이렇게 패턴을 활용하는 방법은 나 역시 외국어를 배울 때 자주 사용하는데, 가끔 주변 사람들이 '왜 자꾸 이상한 소리를 하냐'는 반응을 보이기도 하지만 전혀 문제가 아니다. 아니, 그런 말을 들으면 오히려 내심 기분이 좋아진다. 열심히 잘하고 있는 자신에게 속으로 칭찬도 해주고 말이다. 외국어 공부에 있어서 지나친 연습이란 없다. 가능한 한 많이, 열심히 해보기를!

3. 전문 강사 또는 외국인 친구와 언어 교환하기

다른 방법보다 더 많은 용기와 적극성, 약간의 비용 투자가 필요하지만 이 정도의 노력도 없이 다른 나라의 말을 쉽게 배울 수 있을 거라고 기대하면 곤란하다. 비용을 줄이고 싶다면 부지런히 움직여 언어 교환 상대를 찾는 노력이라도 반드시 해야 한다.

강사를 구하는 일은 자신이 살고 있는 지역에 어떤 학원이나 학교가 있고 어떤 선생님을 찾을 수 있는지에 따라 달라지겠지만 요즘은 이런 것도 중요하지 않다. 온라인으로 얼마든지 수업을 진행할 수 있기 때문이다.

나는 개인적으로 현지인 강사를 선호하기 때문에 지구 반대편이라 할지라도 표준어를 쓰는 도시에 위치한 좋은 어학원으로 직접 이메일을 보내 선생님을 구하곤 한다. 굳이 그렇게까지 하고 싶지 않거나, 한국어에도 능한 사람을 원한다면 국내의 어학원에 문의하면 비교적 쉽게 해결할 수 있다.

언어 교환을 위해서는 페이스북 페이지 중에 적당한 곳을 팔로우하면서 도움을 청하거나, 언어 교환 앱을 깔아볼 수도 있다. 구글에서 언어 교환 앱은 'best language exchange apps'를 검색하면 다양한 선택지를 찾을 수 있다. 또 국내에 유학 중인 외국인 학생들을 수소문해 보는 것도 좋은 방법이다. 가장 가능성이 높은 것은 다양한 언어 전공자들이 집중되어 있는 한국 외국어대학이나 한국어학당이 있는 대학 등에 연락해 찾아보는 것이다.

본인의 상황과 지역적 특성 등을 고려하여 가장 적합한 대상을 구해 1주일에 최소 한 번 혹은 두 번 정도 언어 교환을 하는 것을 추천한다. 단, 이 방법은 100일 학습이 완료된 이후에도 지속해야 기대하는 효과를 볼 수 있다는 것을 명심하도록 하자.

4. 1분 스피치 하기

앞에서 소개된 방법들을 다 시도하고도 여전히 갈증을 느끼는 사람들에게 권하는 방법이다. 도와줄 사람이 있으면 좋겠지만 도저히 그런 여건이 되지 않는다면 혼자서도 할 수 있다. 한 가지 주제를 정한 다음 기승전결에 맞추어 1분이라는 정해진 시간 안에 청중 앞에서 발표하듯 말하는 것이다. 이미 머릿속에 플롯이 있어야 하며 반드시 타이머를 세팅해서 시간을 재야 한다. 이때 시간은 자기가 원하는 대로 조금 더 늘려도 상관없다. 다만 매번 바꾸기보다는 일정한 제한 시간을 정해 놓고 연습하는 것을 권한다.

이 방법은 아나운서들이 스피치 교육을 받을 때도 많이 활용되는데 정해진 시간 안에 하고 싶은 말을 효과적으로 하기 위해서는 종합적인 사고와 기술이 필요하기 때문에 생각보다 어렵다. 시간을 맞추는 것, 짧다면 짧고 길다면 긴 시간 안에 짜임새 있게 자기 생각을 전달하는 것, 듣는 사람에게 인상 깊은 이야기가 되도록 단어 선택을 하고 말의 속도와 톤을 조절하는 것은 쉬운 일이 아닌 것이다. 참고로 아나운서들의 스피치 훈련에는 3분이 주어진다.

외국어로 말하기 연습을 할 때도 이것은 매우 효과적인데, 만약 처음부터 즉흥 스피치를 하는 것이 너무 부담스럽다면 생각한 주제로 미리 원고를 쓰고 그것을 암기해 말하는 연습부터 시작해도 무방하다.

다만 순발력을 함께 기르기를 원한다면 너무 오래 생각해서 원고를 작성하지 말고, 되도록 짧은 시간 안에 요점만 추려 이야기의 흐름을 정리한 후 발표하는 것이 좋다. 외운 것을 그대로 암송하는 형태가 아니라 내용을 대략적으로 머릿속에 넣은 다음 원고 없이 말하는 느낌으로 해보기를 권한다.

이때 청중의 역할도 하고 잘못된 부분들을 지적해 바로잡아줄 수 있는 선생님이나 언어 교환 친구가 있다면 가장 좋겠지만 그런 여건이 되지 않는다면 우리에겐 언제나 '거울'이 있다는 것을 기억하자! 외국어를 배울 때 '거울'은 언제나 쉽게 활용할 수 있는 아주 좋은 친구다.

말하기 연습을 많이 해도 외국인 앞에서 얼어붙을 수 있다. 하지만 외국인을 만났을 때 용기 내어 한마디라도 해보면 상황은 완전히 달라진다. 내가 아는 한 청년은 어려운 집안 형편 때문에 과외는 받아본 적이 없고 외국어를 체계적으로 배운 적도 없었지만, 언어 공부에 대한 열정 하나 만큼은 누구에게도 뒤지지 않았다.

파리 유학을 꿈꾸며 프랑스어를 독학하던 어느 날 서울 시내 한 카페에서 공부를 하는 중에 프랑스인이 우연히 옆 테이블에 와 앉게 되었다. 딱히 할 말이 있지도 않았고 제대로 대화를 할 수 있는 수준도 아니었지만 무조건 말을 걸어야 한다는 것을 직감적으로 알았던 그는 용기 내어 다가가 인사를 했고 프랑스어를 혼자 배우고 있는 학생이라고 자신을 소개했다.

그렇게 친구가 된 그들은 정기적으로 만나거나 전화 통화를 하며 우정을 쌓았고 이듬해 여름에는 파리에 있는 프랑스 친구의 집에 초대받아 한 달이나 머물며 함께 지낼 기회를 얻었다. 자연스럽게 어학연수를 한 셈이 되었고 이 일을 계기로 자신감을 얻어 열심히 공부한 끝에 프랑스어가 수준급이 되었으며 그는 곧 파리에 있는 대학에 진학할 예정이다. 잠깐의 부끄러움과 떨림을 참아낸 대가로 그에게 새로운 세상이 열린 것이다.

독자들에게 용기를 줄 수 있을까 해서 내 경험담도 하나 나누려 한다. 대학에서 스페인어를 배울 당시 현지인과의 교류 기회가 없는 것이 참 아쉬웠었다. 원어민 교수님도 한 분 안 계셨고 교환학생도 거의 없을 시절이라 스페인 언어권에서 온 사람을 찾는 것은 언감생심이었다.

그러던 어느 날, 종로에서 길을 건너려고 횡단보도 앞에 서 있는데 스페인어를 사용하는 한 남자를 발견했다. 외국어 공부에 거의 미쳐 있던 나는 무슨 수를 써서라도 그 사람과 친구가 되어야겠다고 생각했다.

나는 전후 상황에 대한 고민은 하지 않은 채 그 사람 앞을 지나가며 손수건 하나를 떨어뜨렸다. 다행히 그는 내 시나리오대로 손수건을 주워 내게 건넸고 그걸 계기로 나는 그와 친구가 될 수 있었다.

페루인이었던 그와 나는 가끔 만나서 스페인어와 한국어 언어 교환을 하며 우정을 나누었다. 그는 서울에 외국인이 드물던 시절 스페인어를 배우고 싶다는 일념으로 운 좋게 찾아낸 나의 소중한 언어교환 친구이자 원어민 교사였던 셈이다. 다시 강조하지만 뜻이 있는 곳에 길이 있다. 정말로 간절히 원한다면 반드시 방법을 찾을 수 있다.

언어 공부를 할 때, 특히 말하기 실력을 늘리기 위해서는 소위 '철면피'가 될수록 유리하다. 몇 마디 못하고 돌아선다 해도 상관없다. 그리고 한 번에 마음에 쏙 드는 친구를 사귀거나 말이 술술 터져 나올 거라고 기대하지도 말아야 한다. 무조건, 닥치는 대로, 기회가 있을 때마다 할 수 있는 모든 시도를 하면서 질문하고 배우고 느끼고 도전하는 과정을 반복해야 한다. 이렇게 적극적으로 기회가 될 때마다 입을 열어 보는 것 이상으로 더 좋은 훈련 방법은 없다.

마지막으로, 말하기 심화 학습법의 효과를 극대화하기 위해 병행해야 하는 것들을 짚고 넘어가고자 한다. 말하기 실력은 듣기와 직결되어 있고 어휘와도 밀접한 관련이 있다. 따라서 듣기 연습을 꾸준히 하면서 어휘력을 늘리기 위한 공부를 병행할 때 실력이 빨리 향상할 수 있다.

이 단계에서 말하기에 도움이 될 수 있는 듣기로는 섀도잉을 가장 추천하는데 그 이유는 섀도잉이 듣기와 말하기 중간 즈음에 걸쳐 있고, 발음과 억양까지도 바로잡는데 도움이 되기 때문이다.

섀도잉으로 듣기와 말하기 보조 훈련을 같이하고 동의어, 반의어, 구동사, 관용어 등을 꾸준히 암기해 나가면서 앞서 언급한 방법들로 집중해 공부하면 한 달 후 말하기 실력이 훨씬 좋아져 있을 것이다.

이제 또다시 공은 당신에게 넘어갔다. 주저할 시간도 없고 그럴 이유도 없다. 당신은 충분히 할 수 있다. 당장 실행에 옮기기만 한다면! 맞다, 오늘부터 1일이다!

03

읽기 호흡으로 실력을 레벨업시키는 끊어 읽기 훈련법

듣기와 말하기 연습의 비중을 높이고 시기를 앞당기는 것이 우리에게 익숙한 공부법과 달라 다소 생소하게 느껴졌다면, 지금부터 소개할 읽기와 쓰기는 평소 습관의 부재가 당신의 발목을 잡을 수 있다. 듣기와 말하기는 누구나 일상적으로 하는 행위인 반면 읽기와 쓰기는 모국어로조차 잘 하지 않는 이들이 많고 거부감을 갖는 경우도 있기 때문이다. 바꿔 말하면 읽기와 쓰기는 습관과 관련 있다고 할 수 있겠고, 꾸준함을 유지하는 것이 키포인트인 만큼 인내심과 노력이 필요한 일이다.

그러나 2단계에서 제시한 '매일 읽기와 쓰기'를 한 달간 실천한 사람이라면 이번 마지막 단계도 거뜬히 밟아나갈 수 있을 것이라 믿는다.

외국어를 구사함에 있어 듣기와 말하기는 사전 지식이 많아도 순발력이 없으면 실제 상황에서 당황할 수 있고, 큰 좌절감을 맛보기도 한다. 반면, 읽기와 쓰기는 공들이는 만큼 보람을 느낄 수 있는 가능성이 높으니 희망을 갖고 한번 열심히 달려보자!

읽기 심화 학습은 거두절미하고 다독하는 자를 이길 재간은 없다. 그러나 이것도 요령이 있으면 효과를 배가시킬 수 있으므로 구체적인 공부법을 알아보자.

소리 내어 읽기의 경우 〈PART 4〉에서 제안했던 것과 방법은 같지만 자료의 수준을 높인다. 그동안 비교적 짧은 문장의 글을 선택했다면 이제부터는 더 긴 문장들을 읽는 연습을 하고, 대화체로 된 희곡 등으로 새로운 시도를 해보는 것도 좋다.

독해 연습을 할 때 자료의 수준을 높이려면 반드시 유념해야 하는 것이 있는데 바로 '끊어 읽기'다. 우리말에서도 '아버지가 방에 들어가신다'라는 문장이 끊어 읽기 혹은 띄어쓰기에 따라 '아버지 가방에 들어가신다'로 왜곡될 수 있는 것처럼 외국어 역시 어디에서 한 템포 쉬어갈 것인지를 아는 것 자체가 독해 실력에 포함된다. 연습하는 단계에서는 아무리 짧은 문장이라도 끊어 읽기를 꼼꼼히 해야 나중에 길고 복잡한 문장을 접할 때 자연스럽게 문장의 구조가 눈에 들어오게 된다.

끊어 읽기 연습은 어떻게 해야 할까? 앞에서는 오디오북을 듣기 연습에 주로 활용했는데, 이것을 확장하면 읽기 심화 학습이 가능하고 방법 또한 간단하다.

오디오북의 한 콘텐츠를 선정하고, 대본을 펼쳐 놓은 다음 소리를 들으면서 낭독자가 잠시 멈추는 부분마다 끊어 읽기 표시를 한다. 그 다음에는 오디오북을 끄고 한 문장씩 스스로 읽으면서 해석을 한다. 물론 이때도 소리 내어 읽으면 훨씬 더 좋다. 이 과정을 수차례 반복하면 자연스럽게 패턴을 파악하게 되고, 나중에는 오디오북을 듣지 않고도 어디에서 문장을 끊어 읽어야 할지 알 수 있게 된다.

숨 쉬는 타이밍에 멈춰가며 읽다 보면 문맥을 파악하기 좋게 끊어 읽기 하는 것과 상당 부분 일치한다. 따라서 오디오북을 들으며 독해 연습하는 것이 익숙해진 다음에는 오디오북을 듣지 않고 혼자서 소리 내어 읽다가 숨을 쉬는 부분에서 문장을 끊는 연습을 해보는 것도 좋다. 추가적으로 다음과 같은 방법을 활용하면 유용하다.

1. 다양한 읽을거리를 자료로 선택한다.

처음에는 동화와 같이 단순하고 쉬운 글에서 시작해 점차 그 수준을 올려 내용이나 포맷 역시 폭넓게 확장하는 것이 좋다. 에세이, 소설, 뉴스 기사, 사설, 비즈니스 이메일 샘플 등을 번갈아 읽으면서 한 가지 스타일에만 빠지지 않도록 함과 동시에 어휘의 폭도 넓힌다. 새로운 단어나 표현을 따로 단어장에 정리하는 것도 추천한다.

2. 어휘 공부를 병행한다.

어휘력이 좋으면 당연히 독해를 하는 것이 수월해진다. 또 읽기와 독해를 열심히 하다 보면 자연스럽게 어휘력이 향상된다. 이 둘은 언제나 세트로 훈련하는 게 좋고 서로 영향을 주고받으면서 실력이 늘게 되어 있다. 그렇기 때문에 하루에 단 몇 개라도 새로운 단어나 구동사, 관용어 등을 익히는 노력을 병행하면 자기도 모르는 사이 독해력 향상에 도움이 된다.

3. 에세이나 소설책을 한 권 선정해 완독한다.

다양한 읽을거리 연습과 더불어 한 권의 책을 선정해 꾸준히 읽어보자. 이것은 100일 학습이 끝나고도 계속 이어가야 할 일인데 실천하기 쉽지 않지만 꼭 한번 도전해보길 권한다.

처음 시작은 조금 쉬운 듯한, 즉 80% 이상 사전의 도움 없이 읽을 수 있는 책을 선택하는 게 좋다. 에세이나 소설을 추천하는 이유는 기타 논픽션과 달리 풍부한 어휘, 묘사와 비유 등을 접할 수 있어 새로운 차원에서 독해력을 향상시킬 수 있기 때문이다. 또한 내용이 재미있으면 끈기 있게 책을 읽어나가는 데에도 힘이 될 수 있다.

04

쓰기 매일 새롭고 즐거운 뉴스 만들기 공부법

외국어로 작문하는 일은 누구에게나 어렵게 여겨질 수밖에 없다. 모국어로 논술 공부를 하지 않은 사람에겐 더욱 어려운 일이다. 반대로 평소 글쓰기를 연습해 온 사람에겐 조금 더 수월할 수 있는데, 이 경우에도 모국어로 먼저 생각하고 번역하는 일을 배제하는 훈련이 필요하다.

앞서 글쓰기를 시작하는 방법으로 전체 골격을 잡고 세부적인 것들을 채워나가는 방법을 제시하면서 간단하지만 꾸준히 해볼 수 있는 툴로 일기쓰기를 추천한 바 있다. 이번에는 그것을 더 확장해서 다양한 글쓰기를 생활화하는 법을 알아보려 한다. 쓰기 영역은 실력이 느는 것을 체감하기 어렵다는 특성 때문에 장기목표를 세워야 하고, 같은 이유로 재미를 느끼면서 오래 지속할 수 있는 길을 찾는 것이 중요하다. 다음은 내가 제안하는 '즐거운 글쓰기 훈련'의 예시들이다.

1. 나만의 뉴스 만들기에 도전한다.

학창 시절 교내 신문이나 소식지를 만들어본 경험이 있는가? 나만의 뉴스를 만드는 것은 글쓰기 실력을 늘리기 위해 시도해볼 수 있는 아주 좋은 연습 방법이라 초급부터 고급까지 어떤 레벨이든 상관없이 강력하게 추천하고 싶다.

뉴스를 제대로 전달하기 위해서는 육하원칙에 따른 문장 구성이 필수이고, 흥미로운 내용을 소재로 해야 하기 때문에 재미를 붙이기 쉽다. 뉴스라고 하면 왠지 거창해 보이지만 아주 간단하게도 만들 수 있다.

자신이 편집장이 되었다고 상상하면서 만들고자 하는 콘텐츠 형식(신문, 잡지, 지역 주민을 위한 소식지 등)을 정한다. 예를 들어 신문을 만든다면, 전체 구성을 다음과 같은 섹션으로 나눌 수 있다.

헤드라인/ 주요 토막 뉴스/ 메인 기사/ 오늘의 해외토픽/ 가볼 만한 전시 및 문화 소식

그 다음엔 각각의 섹션에 싣고 싶은 내용을 작성한다. 헤드라인은 핵심 메시지가 들어간 짧은 문장이면 충분하고, 문화 소식이나 해외 토픽도 가벼운 마음으로 즐기면서 만들 수 있다. 메인 기사의 경우에만 조금 더 공을 들여 앞서 설명한 기승전결에 따른 작문법을 적용해 작성하면 된다.

워드 파일에 내용을 적는 것만으로도 나쁘지 않지만, 더 즐겁게 이 작업을 수행하고 기억에 남도록 하려면 학창 시절 미술 시간을 떠올리며 색다른 시도를 해보자.

가능한 한 큰 종이를 준비해서 다양한 색깔의 펜으로 실제 신문처럼 그림도 그려 넣고, 직접 글을 적거나 다양한 글꼴로 프린트한 글자들을 오려 붙여 가며 만들어 보는 것이다.

이 방법의 또 한 가지 장점은 친구나 가족과 함께할 수 있다는 것이다. 외국어 공부를 하면서 지루함을 느낄 때 주위도 환기시키고, 몸을 쓰며 할 수 있기 때문에 학습 효과를 높이는데 큰 도움이 된다.

2. 문자 메시지나 채팅 앱을 적극 활용한다.

글로벌 폴리글롯들의 정기 모임에서 한 연사가 들려준 이야기가 있다. 어떤 다국어 학습자의 실제 체험담인데 정말이지 기발하게 글쓰기 연습을 한 사례이다. 그 사람은 러시아어를 배우고 있었는데 메신저를 통해 불특정 다수의 러시아 사람들과 친구를 맺었다. 그리고는 채팅창을 한 번에 여러 개 열어 두고서 A라는 사람과 대화를 먼저 시작하고, A가 보내는 텍스트를 그대로 B와의 채팅창에 옮겨 적었다. B가 대답을 하면 그것을 다시 A에게 옮겨 적고, 그에 대한 A의 질문을 다시 B와의 채팅창으로 옮기는 방식으로 러시아어를 배워 나갔다는 것이다.

도대체 어떻게 이런 생각을 한 것인지 정말 놀라울 따름이다. 그 사람의 증언에 따르면 처음 보는 표현을 직접 써보고 그에 대한 답변을 들은 다음 그걸 실시간으로 활용해 보는 훈련이 가능해서 속도감 있게 글 쓰는 연습을 원 없이 할 수 있었다고 한다.

이 이야기를 들은 청중은 일순간 큰 웃음을 터뜨렸지만, 그저 웃어넘기기만 하기엔 너무 재미있는 연습법이라는 생각을 모두 했을 것이다.

언어 공부라는 경주에서는 적극적인 사람만이 승리하게 되어 있다. 문자를 주고받을 실력이 안 된다고 포기할 일이 아니라 이렇게 자기만의 방법을 고안해 무엇이든 시도할 수 있는 세상에 우리가 살고 있다는 사실을 기억하자.

실시간 채팅의 장점은 상대가 어떤 글을 보낼지 예측할 수 없고 다양한 주제의 즉석 대화가 이루어지기 때문에 항상 새로운 것을 배울 수 있다는 것이다. 또 작정하고 시간을 많이 할애하지 않아도 되고 순발력도 기를 수 있다. 당신에게 필요한 건 완벽한 실력이 아니라 약간의 용기이다.

단, 이렇게 누군지 모르는 사람들과 채팅을 하다가 본래의 목적인 외국어 공부와 상관없는 대화나 관계로도 이어질 수 있는데 이때는 각별히 주의를 기울여야 한다. 이 세상에는 별의별 사람들이 다 있다는 것도 잊지 마시길!

3. 펜팔 친구를 만든다.

방금 소개한 토막 글쓰기보다 좀 더 진지한 글을 교환하는 방법으로는 펜팔이 있다. 한국어와의 언어 교환을 원하거나 한국에 관심이 많은 외국인을 찾으면 유리하고, 이메일을 활용하면 부담 없는 글쓰기의 기회를 만들 수 있다.

이때 중요한 것은 즉흥적으로 글을 써서 보내지 않고 꼼꼼한 수정 작업을 거치는 것이다. 아무리 격식을 차리지 않는 글이라 해도 문법적인 오류는 없는지, 더 좋은 단어로 대체할 수는 없는

지 등을 고민하고 때로는 사전을 찾아가며 최대한 완성도 있는 글을 써야 작문 연습에 도움이 될 수 있다.

솔직히 내가 직접 사용해 본 펜팔 사이트는 없어서 콕 집어 한 가지를 추천하긴 힘들다. 인터넷 검색으로 찾은 여러 사이트들에 섣불리 가입하지 말고 우선은 살짝 맛보기 정도로 체험해 본 후 본인에게 제일 잘 맞는 사이트와 상대를 고르는 것이 가장 좋은 방법이 될 것이다.

4. 다양한 주제의 묘사 글을 써본다.

작문 실력을 늘리려면 말하기와 마찬가지로 본인의 생각과 감정이 담긴 것을 많이 써봐야 한다. 따라서 자신의 일상 속 사물이나 공간 등에서 한 가지 주제를 정해 그것을 상세히 묘사하는 글을 정기적으로 써보는 것을 추천하고 싶다.

예를 들어 '내 서재', '내 자동차', '우리 어머니', '내가 본 가장 아름다운 해돋이' 이런 것들을 테마로 작문을 하는 것이다. 이 연습법의 경우에는 글을 봐줄 사람이 있어야 하는데 전문 지식을 가진 선생님이 가장 좋지만 아니라면 원어민 친구에게 도움을 받을 수 있다.

중요한 것은 지속성이다. '매주 한 편씩, 3개월 안에 10편 이상의 글쓰기'와 같은 구체적인 목표를 세우고 실천해야 발전이 있다.

5. 자신에게 필요한 특정 분야의 글쓰기에 집중 훈련한다.

어떤 목표를 갖고 외국어 공부를 하고 있다면 그에 필요한 어휘를 늘리고 그 틀에 맞게 글을 쓸 수 있는 별도의 훈련을 해야 한다. 대학 입시를 위한 에세이를 쓴다든지, 비즈니스 이메일을 주로 써야 한다든지 하는 각자의 상황에 따라 적절한 형식을 알려주는 교재를 사서 충실히 따라가며 많이 써봐야 한다. 읽기와 마찬가지로 글쓰기도 단기간에 큰 변화를 보기 힘들기 때문에 장기적인 목표와 인내심을 가지고 꾸준하게 최대한 많이 써보는 것이 중요하다.

글쓰기에 있어서 마지막으로 한 가지 꼭 덧붙이고 싶은 말이 있다. 외국어로 작문을 할 때는 유려함보다 모호하지 않고 깔끔하게 핵심 내용을 전달하는 것이 훨씬 더 중요하다. 긴 문장을 짧게 바꾸는 것, 두루뭉술한 표현보다는 구체적인 의미가 포함된 단어를 많이 익히고 사용하는 것, 그리고 연결어를 정복하는 것 등이 도움이 된다.

여기까지가 읽기와 쓰기에 대한 나만의 학습법들이다. 여러 가지 공부법과 연습법을 소개했지만, 이것을 모두 실행해야 한다는 것은 아니다. 이 중에서 자신에게 맞는 것을 선택해 꾸준히 실천하는 게 중요하고, 그렇게 하다 보면 본인만의 스타일과 노하우를 더한 새로운 공부법도 만들어질 것이다.

읽기와 쓰기는 다소 지루할 수 있기 때문에 시작부터 엄두가 나지 않을 수 있는 영역들이지만 욕심내지 않고 쉬운 것부터, 재미 있는 방법을 고안해가며 조금씩 해나가면 편안한 마음으로 원서를 읽고, 외국인 친구나 비즈니스 파트너에게 이메일을 쓰는 일은 얼마든지 가능하다. 자, 이제 고지가 보인다, 조금만 더 힘을 내보자!

05

내 약점
집중 공략하기

100일간의 챌린지 기간 동안 수행해야 할 과제들에 대한 설명은 모두 마무리되었다. 그러나 아직 매우 중요한 부분이 남아 있다. 바로 자신의 약점들을 파악해서 보완하는 일이다.

사람은 저마다 타고난 재능이 다르다. 어떤 사람에게 있는 장점이 나에게는 취약점일 수 있고, 똑같은 방법으로 학습했다고 해도 결과는 다를 수 있다. 타고난 재능의 문제라기보다 자신에게 딱 맞는 학습법을 찾아내지 못해 기대한 만큼의 성과를 얻지 못하는 경우가 많다고 봐야 할 것이다. 그러나 겨우 100일간 공부를 하고 나서 결과가 생각했던 것만 못하거나 미처 몰랐던 약점이 드러났다 한들 걱정할 일은 전혀 아니다.

앞서 외국어 공부를 집 짓기에 비유한 적이 있었다. 그 이유는 많은 면에서 집을 짓는 과정과 닮아 있기 때문인데 지금부터 하는 이야기도 비슷한 맥락에서 이해하면 좋을 듯하다. 다시 한번 집 짓는 일을 상상해보자. 도면을 최대한 섬세하게 작업해서 열심히 따랐다 하더라도 사람이 하는 일이고, 여러 가지 변수가 생기기 마련이라 중간중간 탄력적으로 계획을 변경하는 것도 필요하고, 생각지 못했던 문제들에 대응해 보완 및 보수를 해주는 것은 피할 수 없는 일이다.

100일간의 외국어 공부 챌린지에서도 마찬가지다. 가장 마지막 스텝으로, 공부를 직접 해보고 알게 된 나의 약점 등을 분석하고, 나에게 더 잘 맞는 학습법이 무엇인지 점검해 새로운 방향을 수립하는 과정을 반드시 거쳐야 한다.

먼저, 자가 테스트를 통해 취약점을 파악한다. 외국어 학습자가 꼭 가져야 하는 마인드 중 하나는 '나는 학생이자 나의 선생님이다'라는 마음가짐이다. 독학을 하는 경우는 말할 것도 없고 학교에 다니고 있거나 개인지도 선생님이 있어도 마찬가지다. 선생님이 지식을 전해주거나 잘못 알고 있는 것을 바로잡아 주는 것은 한계가 있다. 언어뿐만 아니라 그 어떤 것이라도 기술을 익히는 법을 배울 때 코칭을 받는 것과 실제 숙련자가 되는 것은 다른 문제이다. 선생님에게 배운 것을 실행에 옮기고 때로는 좌절도 겪으면서 자기 것으로 만드는 과정 없이는 절대 원하는 바를 이룰 수 없다. 즉, 수시로 자신의 상태를 돌아보고 문제를 해결해 나가는 시스템을 가동해야 한다.

공부하는 내내 이 점을 명심해야 하는데, 특히 지금 단계에서는 더 중요하다. 잘못된 습관이 굳어지거나 시간을 낭비하기 전에 문제점이 있다면 찾아내서 바로잡아야 하기 때문이다. 100일을 목표로 달려온 시간 동안 어떤 발전이 있었고, 어떤 점이 부족한지는 직접 테스트를 해보는 것이 가장 정확하다. 듣기, 말하기, 읽기, 쓰기 영역 모두에 걸쳐 냉정하게 분석해야 한다.

가장 쉬운 방법은 시중에 나와 있는 테스트 학습지 등을 구입하거나, 간단한 시험을 치르는 것이다. 영어의 경우 턱없이 부족한 점수가 나온다 해도 TOEIC이나 IELTS 시험을 경험 삼아 볼 수도 있고, 이런 시험을 준비하는 사람들을 위한 모의시험 책을 사서 실행해 볼 수도 있다. 단, 집에서 혼자 테스트를 할 때도 시간을 재는 등 시험장에서 하는 것과 똑같이 환경 설정을 해야 효과가 있다!

만약 이런 방법이 싫다면 직접 테스트를 고안해볼 수도 있다. 듣기 영역은 받아쓰기를 하고, 말하기의 경우 3분 스피치를 녹화해서 자가 점검을 하고, 읽기나 쓰기 영역도 시간 제한을 두고 독해를 하거나 작문을 한 후 도와줄 수 있는 원어민 친구나 선생님에게 조언을 구해 평가받는 방식 등을 택하면 된다.

어떤 방법을 선택하든 궁극적인 목표는 본인에게 부족한 영역이 무엇이고 그중에서도 어떤 면이 취약한지를 파악하는 것이다. 사람에 따라 4가지 영역의 실력이 고르게 발전하는 경우도 있지만 대부분은 좀 더 앞서 있는 영역과 뒤처져 있는 영역이 발견될 가능성이 높다. 그것이 무엇이고 어떤 부분을 더 집중해서 공부해야 하는지를 찾아내 기록하는 일까지 마치면 다음으로 넘어갈 수 있다.

자가 테스트를 통해 취약점을 알게 되었다면, 부족한 부분을 보완하기 위한 새로운 계획을 세워 하나씩 실행해보자. 100일 챌린지 중 대략 90일 정도가 되었을 때 테스트를 실행하고 나머지 10일 정도는 취약 부분을 집중 공략하는 기회로 삼는 것을 추천한다.

물론 10일이라는 시간은 취약점을 완전히 보완하기에 부족한 시간일 수 있다. 그러나 결과는 나중에 생각하고 일단은 이 기간 동안에 듣기면 듣기, 말하기면 말하기, 또 쓰기면 쓰기 등 가장 자신 없는 부분에 많은 시간을 할애해보자. 그런데 이런 집중 보완 학습을 한다고 해서 나머지 영역들은 완전히 덮어두라는 건 아니니 절대 착오가 없기를!

외국어 공부는 여러 개의 공을 저글링 하는 일과 같아서 조금 처져 있는 공 하나를 높이 던져 올린다 해도 쉼 없이 나머지 공들 또한 던지고 받아야 한다. 따라서 이 과정에서는 시간을 효율적으로 사용하는 것이 아주 중요하다. 지금까지 쌓아온 지식을 유지할 수 있는 최소 학습 시간만을 모든 영역에 골고루 분배한 다음, 나머지 시간은 취약한 부분을 위해 올인해 보자. 학습 방법으로는 2가지 정도를 선정해 번갈아가며 실행하고, 앞서 치른 테스트 결과를 기록해 놓았다가 마지막에 한 번 더 테스트를 하고 비교해 보는 것도 좋다.

이렇게 되면 목표를 재설정하는 일도 불가피하다. 장기 목표는 그대로 두더라도 100일의 챌린지가 끝난 후 차차 달성하고 싶은 내용에 대한 단기 목표는 신중히 생각해서 수정하는 시간을 갖기를 추천한다.

언어 공부에 있어서 목표 설정은 정말 중요하다. 마치 사막 위에서 오래달리기를 하는 것과 같기 때문에 길을 잃지 않도록 최종 목적지에 깃발을 꽂아두고 중간중간 표시를 하는 사람과 그렇지 않은 사람의 결과는 천지 차이일 수밖에 없다. 100일간의 레이스가 끝나갈 때쯤이 되면 아마 자연스럽게 수정이 필요한 단기 목표도 보일 것이고, 미숙했던 자신의 판단을 인지해서 바꾸고 싶은 것들이 생겨날 것이다. 이런 것들을 놓치지 않고 기억해 두었다가 새로운 목표와 계획에 반영하면 된다.

다시 문법으로 돌아가라!

드디어 100일 학습법의 마지막 과정이 남아 있는데 나는 이렇게 이름을 붙이고 싶다. 'Back to the grammar!' 바로 문법을 복습하고 심화하는 과정이다.

문법은 집 짓기에서 기둥을 세우는 것과 같은 중요한 기초 공사이기 때문에 첫 한 달 안에 끝내 버려야 한다고 강조했던 것을 기억할 것이다. 그때 단단하게 다져 둔 문법 지식이 본격적으로 진가를 발휘하는 시점은 지금부터라고 할 수 있다. 이제 정말 무거운 벽을 세우고 천장을 올리고 벽과 천장에 장식도 달고 가구도 들여놓아야 한다. 기둥들 사이로 놓여진 수도관으로 물도 흐를 것이고 전기도 들어와야 할 것이다.

이런 일들을 하기 전에 다시 기둥의 위치와 사이즈, 모양 등을 확인하고 더 튼튼하게 버틸 수 있도록 받침대를 세우고 못을 박아야 한다. 이 작업이 문법 심화에 해당하는데, 이 과정에 정성을 쏟고 나서 다음 단계로 진입하면 언어 실력이 느는 속도는 문법 공부를 대충한 사람과 비교할 수 없을 만큼 빨라질 수 있다. 그렇기 때문에 'Back to the grammar!'는 지난 100일간의 공부에 대한 복습이기도 하지만 앞으로 전진할 수 있기 위한 발판을 다지는 일이라고 보면 되겠다. 초반에 공부했던 문법을 핵심적인 것들을 중심으로 다시 한 번 훑어보면서 조금 더 복잡한 예문을 찾아보거나 응용하는 방법을 추천한다. 잊었던 문법 내용에 대한 기억을 상기시키는 것은 물론 향후 학습에 대비하는 효과도 누릴 수 있다.

나는 종종 주변에서 언어 공부의 비결을 물어오는 이들에게 '외국어 학습자는 모두 프리랜서 마인드를 가져야 한다'고 말해주곤 한다. 무슨 의미일까? 최근 욜로족이나 디지털 노마드의 라이프 스타일이 각광받기 시작하면서 프리랜서의 삶을 동경하는 이들이 많아졌다. 그런데 프리랜서로 살아본 사람은 다 알겠지만, '프리free'라는 단어에서 연상되는 만큼 실제로 자유롭지만은 않다. 더 정확히 말하면 아무런 원칙이나 틀 없이 그저 자유롭기만 한 프리랜서는 머지않아 그 자유를 즐길 수 없는 상황을 맞이하게 되기 때문에, 프리랜서야말로 무한정 자유롭게 사는 것이 불가능하다.

시간과 공간을 본인이 원하는 대로 디자인하거나 취사선택할 수 있다는 점은 솔직히 매우 만족스러운 부분이다. 그러나 자유를 누리기 위해서는 프리랜서가 아닌 사람들보다 도리어 더 엄격한 자신만의 기준과 원칙이 필요하고, 때로는 그것들을 지켜내기 위해 절제하거나 포기해야 하는 일들도 있다. 엄격한 기준으로 자기 자신의 신념을 지키고 시간을 잘 활용할 줄 아는 이들만이 프리랜서로 성공할 수 있는 것이다.

언어 학습자는 바로 이런 프리랜서의 마인드셋을 가지고 한 걸음씩 나가야 한다. 지난 100일간의 챌린지는 진정한 언어 학습자로서의 태도와 습관을 기르고, 기본적인 체력을 다지는 시간이었다. 이것을 바탕으로 앞으로는 혼자 달려야 하고 자기만의 삶의 원칙과 학습 방법 또한 수립해 나가야 한다. 잔소리하고 격려해주는 사람이 없어도 스스로 흐트러진 생활을 바로잡고 다시 힘을 낼 수 있는 시스템 또한 만들어 놓아야 한다.

100일 챌린지의 마지막 단계는 이러한 홀로 레이스를 떠나기 전 모든 장비와 몸 상태를 점검하는 과정이었다. 여기까지 무사히 따라온 모두에게 박수를 보낸다. 앞으로의 시간이 두려울 수도 있겠지만 곧 알게 될 것이다. 끝이 없는 외국어 공부의 여정에는 힘든 고비의 순간이 늘 도사리고 있지만 그만큼 짜릿하고 기쁜 경험도 많이 하게 될 거라는 사실을! 지속적인 열정으로 그 길을 가는 자는 넘어지고 다치는 일마저도 즐길 수 있게 된다.

그동안 열심히 달려온 당신은 이미 챔피언이다! 이제 당당하게 어깨를 펴고 앞에 놓인 길을 힘차게 달려 나가자.

06
PART

앞으로 펼쳐질
신나는 모험을 즐기려면

100일 챌린지를 통해서
당신은 걸음마를 시작한 아이와 같은 시점에 와 있게 되었다.
이제 혼자 일어섰으니 됐다며 멈출 일이 아니라
비로소 진짜로 걷고, 넘어지고, 다시 걷고, 달리면서
새로운 언어의 세계를 탐험할 시간이 된 것이다.

01

진짜 레이스는
지금부터다

100일간의 챌린지를 성공적으로 마무리한 모두에게 그동안 수고 많았다는 응원의 말을 전하고 싶다. 흡족한 결과를 맛본 사람도 있을 것이고 그렇지 않은 이도 있겠지만 중간에 포기하지 않고 여기까지 온 것만으로도 일단은 박수를 받기에 충분하다. 자신과의 싸움인 외국어 공부는 어떤 면에서는 작가가 글을 써서 책 한 권을 완성하는 과정과도 닮아 있는데 이것을 잘 설명해주는 얘기가 있어 공유하려 한다.

내가 프랑스 파리에서 살고 있을 때였다. 첫 소설을 구상하며 고민에 빠져 있었는데 내가 사는 동네의 작지만 오랜 역사를 자랑하는 서점에서 저명한 한국 작가들의 문학 토론회가 열렸다. 그들을 몹시도 만나고 싶던 나는 만사 제쳐 두고 그 행사에 참석했다. 1년이 넘도록 첫 줄을 쓰지 못해 고뇌의 나날을 보내고 있던 터라 선배 작가들에게서 격려도 받고 조언도 얻고 싶었는데, 행사 후 열린 다과의 자리에서 운 좋게 그 소설가들과 개인적인 대화를 나눌 기회가 있었다. 대부분은 '열심히 해라', '누구든 할 수 있다', '곧 글감이 떠오를 테니 조바심 낼 필요 없다'와 같은 말들로 힘을 주셨는데 그중 한 분이 들려준 얘기가 인상적이었다.

"이 세상에 소설을 쓰고 싶은 사람이 1,000명이라면 그중 실제로 펜을 드는 사람은 1명이고요, 글을 시작하는 사람이 1,000명이라면 그중 글을 마무리하는 사람이 1명, 원고를 실제로 마감하는 사람이 1,000명이라면 그 글이 출판되는 행운을 누리는 사람은 1명, 책을 세상에 내놓은 사람이 1,000명이라면 그 책이 독자들의 사랑을 받는 일은 단 1명에게 벌어집니다. 만약 그 마지막 1명에 속하지 않는다고 해도 다시 책상 앞으로 돌아와 글을 쓸 수 있는 열정이 없다면 아예 시작하지 말아야 하죠. 너무 힘든 일이니까요."

정말 뼈아픈 얘기였지만 맞는 말이다. 소설가가 되는 것은 그 정도의 각오가 없이는 안 되는 일이라는 것을 시간이 갈수록 느낀다. 외국어 공부도 상당히 비슷한데, '배우고 싶다'라고 생각하는 이는 많아도 실천에 옮기는 이는 몇 안 되고, 시작을 했다 해도 끝까지 가는 경우가 드물기 때문이다. 그런 의미에서 여기까지 온 독자들에게 진심으로 수고했고 장하다는 말을 꼭 해주고 싶다.

소설가가 끝없이 책상 앞으로 돌아가 글을 써야 하는 것과 마찬가지로 언어 학습자도 늘 다시 책을 펼쳐야 한다. 외국어 공부란, 그 시작점은 있어도 골인 지점은 없는 일이다. 100일간의 여정을 끝낸 당신도 마침표를 찍은 것이 아니라 쉼표를 찍은 것뿐이다.

앞서 설명했듯이, 100일은 외국어 학습을 완성하는데 걸리는 기간이 아니라, 본격적인 공부에 박차를 가할 수 있도록 홀로 서기를 하는데 필요한 시간일 뿐이다. 아기들이 태어나서 성장하는 과정을 생각해 보라. 혼자 일어서서 걷기까지 힘겨운 싸움을 해야 하지만 그 다음부터는 어디든 가리지 않고 기어오르고, 때로는 위험한 곳에도 들어가며 세상을 경험한다. 그러다 종종 다치기도 하지만 그것이 곧 성장의 밑거름이 되지 않던가.

넘어질까 두려워 주저앉아만 있다면 그 아이는 영영 걷는 법을 배울 수 없을 것이다. 엄마도 적당한 선에 머무르며 관찰할 뿐 아이 대신 걸어줄 수는 없다. 100일 챌린지를 통해서 당신은 바로 그렇게 걸음마를 시작한 아이와 같은 시점에 와 있게 된 것이다. 이제 혼자 일어섰으니 됐다며 멈출 일이 아니라 비로소 진짜로 걷고, 넘어지고, 다시 걷고, 달리면서 새로운 언어의 세계를 탐험할 시간이 된 것이다.

나와 내 주변의 경우를 보아도 걸음마를 시작한 이후 과정의 중요성은 명백하게 알 수 있다. 같은 대학 같은 학과에서 스페인어 공부를 마치고 똑같이 1년간 어학연수를 다녀왔어도 지금 시점에 이르러서는 인사말 정도 겨우 기억하는 친구들이 대부분이다. 그들은 학교 다닐 때 두각을 드러내며 언어에 대한 재능을 나름대로 뽐내던 이들이다. 그러나 언어는 기술이자 도구이기 때문에 연마하지 않으면 무뎌지는 것은 시간 문제다. 제아무리 타고난 언어 천재라 해도 노력을 지속하지 않으면 별도리가 없고, 반대로 땀과 시간을 꾸준히 투자하면 반드시 그 대가를 손에 넣게 되어 있다.

나 역시 대학 졸업과 동시에 방송국에 입사하면서 영어나 스페인어를 쓸 기회가 거의 없었지만, 사용하지 않으면 곧 먼지가 쌓이고 결국 쓸 수 없는 도구로 전락하는 언어의 특성을 잘 알기에 틈나는 대로 방법을 찾아 나만의 공부를 이어갔다. 귀찮고 꾀가 나더라도 영어 뉴스나 강의를 들었고, 외국인들과의 만남의 자리가 있으면 적극적으로 참여했으며, 일부러 시간을 내어 영어 작문을 하고 원서를 읽었다.

스페인어의 경우에도 마찬가지였다. 스페인어 책을 찾아 읽고, 라틴 음악을 듣고, 학교에서 배운 것이 가물가물해질 때면 방송국 생활의 바쁜 일정을 쪼개 사설 학원에 가서 어린 학생들과 함께 문법 총정리 같은 수업을 듣기도 했다. 이때만 해도 유튜브가 존재하지 않았고 온라인 강의도 지금처럼 활성화되지 않았었지만, 마땅히 더 좋은 방법이 없다고 한탄하기보다는 악착같이 길을 찾으려 했다.

그렇게 하는 과정에서 분명, 실수도 하고 시행착오도 겪고, 어떤 날은 실력이 느는 것 같다가 다시 엉망이 되는 듯한 기분도 느꼈지만, 절대 포기하지 않으리라는 결심은 흔들린 적이 없다.

진정한 언어 학습자가 평생 가져야 하는 습관

혼자만의 달리기를 해온 시간이 어언 20년을 훌쩍 넘겼으니 학교에서 공부한 기간의 몇 배가 되고도 남는다. 그 오랜 시간 동안 내 곁에 늘 좋은 선생님이 계셨을리 만무하고 어느 누구도 계속 공부해야 한다고 잔소리를 하지 않았다. 그것은 온전히 내 선택과 노력의 결과였고 나 자신과의 약속이었다.

100일의 챌린지를 마무리한 당신 앞에는 새로운 시작점이 놓였다. 무엇을 어떻게 해야 지치지 않고, 실패하는 일 없이 실력을 계속 연마할 수 있을까. 지금부터 진짜 레이스를 시작해야 하는 독자들을 위해 내가 실천하고 있는 '진정한 언어 학습자가 평생 가져야 하는 습관' 몇 가지를 공유한다.

1. 매일 '외국어 공부에 관련된 한 가지는 반드시 한다'는 목표를 세우고 실천한다.

외국어 공부가 일상이 되어야 한다. 외국어가 없는 날은 하루도 없다 생각하고 생활하는 것이 중요하다. 이미 여러 개의 외국어를 수준급으로 구사하는 사람들도 새로운 단어들을 업데이트하거나 외국어 콘텐츠를 지속적으로 접하거나 외국인 친구와의 친분을 이어가는 등 혀와 머리가 녹슬지 않게 하고 실력을 유지하기 위해 무던히 노력한다. 하물며 이제 막 홀로서기를 시작한 사람이라면 매일 외국어를 학습하고 더 친해지기 위해 애써야 하는 것은 당연한 일이다.

장기 목표만을 보고 가면 힘들 수 있으니 새로운 100일이 시작되었다 생각하고 계획을 세워 하나씩 이루어 나가는 것도 좋은 방법이다. 하루에 단 1시간이라도(이보다 적은 시간은 솔직히 너무 부족하다) 듣기, 말하기, 읽기, 쓰기 4가지 영역을 골고루 섞어가며 자기만의 스타일로, 무엇보다 즐거운 마음이 유지될 수 있는 방법을 선택해 노력을 쏟길 바란다.

2. 자신에게 가장 잘 맞는 공부 노하우를 찾거나 조금씩 완성해 간다.

아무리 훌륭하게 기술된 책이라도 '나만의 노트법', '나만의 공부법', '나만의 실력 진단법' 등 내 입맛에 맞게 정리한 방법들만은 못하다. 아무리 언어 고수가 제안하는 공부법이라도 내 머릿속에 들어오지 않으면 소용없고, 아무리 이상한 방법이라 해도 내게 도움이 되면 그만이다.

예를 들어 앞에서 언급한 바 있는 언어의 달인 알렉산더 아르구에예스 같은 경우는 야외에서 걸을 때 암기가 잘 된다는 이유로 미친 사람처럼 중얼거리며 공원 안을 왔다 갔다 걸어 다니면서 외국어 공부를 한다. 이 모습을 동영상으로 찍어 올린 것도 유튜브에 있는데 정말 황당할 지경이다. 본인도 왜 그게 효과적인지 설명하지 못하지만, 도움이 될 수만 있다면 문제될 이유가 없다고 생각한다.

논리적으로 증명할 수 없다 해도 왠지 모르게 내가 공부하기에 편한 방법, 내 입에 착착 붙는 교재, 내 눈에 쏙 들어오는 노트 필기법이 있는데, 열심히 공부하다 보면 이런 것들을 자연스럽게 발견하게 되고 창의력을 발휘해 새롭게 만들 수 있는 능력도 생긴다. 나에게 꼭 맞는 학습법이라고 느껴지는 것들을 잘 고수하고 활용하는 지혜가 필요하다.

3. 외국어로 생각하는 습관을 들인다.

성인이 되어 외국어를 배울 때 제대로 된 방법을 모르면 모국어가 가장 큰 걸림돌이 될 수도 있다. '모국어의 익숙함과 편리함을 어떻게 벗어던질 것인가', '모국어가 한계 지어 놓은 틀 안에 어떻게 하면 갇히지 않을 것인가', '모국어로 생각했다 번역하는 과정을 어떻게 생략할 수 있는가'와 같은 고민들은 대부분의 학습자들이 직면하게 되는 것들이다.

그중에서도 '모국어가 아닌 외국어로 생각하는 일'은 정말 쉽지 않은데, 그렇다고 불가능한 것도 아니다. 앞에서 언급했던 내용을 한 번 더 상기시켜 보면 이런 방법들이 있다. 일상 속 세팅을 모두 외국어로 바꾸기, 혼잣말을 외국어로 하는 습관 기르기, 영영 사전/서영 사전과 같이 외국어로만 된 사전 사용하기, 들리는 외국어는 무조건 따라 하고 단어의 뜻에 집착하는 대신 전체적인 문맥을 이해하도록 노력하기 등이다.

뇌에게 명령 내리는 일 자체를 외국어로 한다는 것은 하루아침에 할 수 있는 일이 아니기 때문에 오랜 시간과 인내심이 필요하지만 어느 정도까지는 해낼 수 있다. 의식적으로 노력한다고 단번에 되는 일이 아니니 부담을 갖기보다는 장기전이라 생각하고 다양한 훈련을 반복하는 것이 중요하다.

언어 배우기는 호기심과 관심, 그리고 애정을 지속적으로 쏟아야 하는 일이다. 애완동물이나 식물을 집에서 키울 때의 그 마음을 떠올려 보면 쉽다.

어제까지 안 그러던 고양이가 오늘 이상한 소리를 낸다든지, 크면서 털색이 바뀐다든지, 잘 자라던 나무가 왠지 건조해 보인다 싶더니 떡잎이 하나 생겼다든지 하는 것들을 면밀히 관찰하고, 왜 그럴까 이유를 생각해보고, 관심을 기울이며 정성껏 돌보아줄 때의 마음 말이다.

매일 조금씩 사랑을 주고 먹이와 물을 주고 햇빛을 보게 해줄 때와 똑같은 심정으로 '이건 왜 이렇게 표현할까?' '이 단어는 어디에서 유래했을까?' '이런 말은 그 언어로 뭐라고 할까?' '이 언어는 어떤 배경 때문에 이렇게 형용사가 발달했을까?'와 같은 질문을 던지고, 호기심과 애정을 잃지 않도록 유지하는 것이 정말 중요하다.

언어 공부는 그 자체가 즐거움이어야 하고, 학습자는 두근거림을 이어갈 수 있어야 한다. 호기심이나 관심, 애정 같은 감정을 어떻게 억지로 이어 나가느냐고 반문할 수 있지만, 노력에 의해서 얼마든지 달라질 수 있다. 불꽃이 희미해지고 짜릿함이 사라졌을 때 그냥 손을 놓고 마는 것이 아니라 자그마한 장작 하나씩을 던져 주어 불이 살아나도록 하면 된다. 그 장작이 무엇이 될 수 있을지에 대해서는 이 책 전반에 걸쳐 내가 제시한 학습법과 아이디어들을 바탕으로 각자의 고민이 필요하다.

첫 100일이 초반 레이스에서 유리한 자리를 차지하기 위해 전속력으로 뛰어야 하는 시기였다면 이제는 지치지 않고 오래 달리기 위한 페이스 조절을 어떻게 할 것인가가 관건이다. 절대로 단기간 내에 승부를 볼 수 없는 게임인 만큼 숨 고르기를 잘하면서 다리 힘이 빠지지 않게 주의해야 하고, 동시에 어려움이 닥쳐도 쉽사리 포기하지 않고 버티는 것이 중요하다. 진짜 레이스는 이제 시작이다. 일생에 걸쳐 크고 작은 즐거움과 보람을 선사해줄 멋진 레이스의 출발선을 끊은 당신을 격하게 응원하는 바이다.

02

슬럼프를 극복하는
최고의 방법

외국어 공부를 하는 사람들은 누구나 슬럼프를 경험하게 되어 있다. 그리고 슬럼프는 한 번으로 끝나지 않고 여러 번, 어쩌면 정기적으로 찾아오게 될 것이다. 이것은 어느 누구라도, 제아무리 언어 천재라도, 수십 개의 언어를 마스터한 하이퍼 폴리글롯이라도 예외 없이 겪게 되는 일이다.

따라서 '나는 왜 이 모양일까?'라는 생각으로 자책하는 것은 절대 금물이다. 슬럼프는 너나 할 것 없이 거쳐야만 하는 외국어 학습자들의 숙명 같은 일인 것이다. 슬럼프를 겪게 될 때의 막막함과 초조함은 나도 잘 안다. 나 역시 경험했고, 바쁜 일상 때문에 공부를 등한시하면 언제든 내게도 다시 찾아온다. 아마도 이제 막 새로운 외국어를 공부하기 시작한 사람이라면 정기적으로 찾아오는 그런 고통에서 한동안 벗어나기 힘들 것이다.

외국어는 배우기는 힘든데 잊는 것은 금방이어서 끝없는 자기 채찍질이 필요하다. 이 힘겨운 싸움에서 승자로 남으려면 반드시 마주하게 되어 있는 슬럼프를 괴롭고 무거운 짐으로 받아들이지 않고 최대한 긍정적인 마음으로 즐길 수 있어야 한다.

'슬럼프를 즐기라고?'

말도 안 되는 얘기 같지만 어떤 관점에서 바라보느냐에 따라 달라질 수 있다. 도저히 즐길 수는 없다 하더라도 슬럼프가 찾아왔을 때 그것을 슬기롭게 극복하는 일은 반드시 필요한데, 한 가지 희망적인 사실도 있다. 언어 공부에 있어서는 슬럼프를 잘 이겨내면 그것이 오히려 큰 도약의 계기가 되는 반전이 일어난다는 것이다. 한마디로 슬럼프는 전화위복의 기회가 될 수 있기 때문에 기지와 참을성을 발휘할 수 있는 자에게는 절대 두려운 대상이 아니다.

뿐만 아니다. 슬럼프라고까지 부르기에는 애매한 고비 또한 수없이 많을 것이다. 실력이 한창 늘고 있다고 생각했는데 갑자기 속도가 느려지거나, 막다른 골목에 다다른 느낌이 드는 막막한 순간을 외국어를 배우는 사람이라면 누구나 경험하게 되어 있다. 이럴 때도 처지는 어깨를 붙들어주고 등을 두드리며 격려해줄 사람은 자기 자신뿐이다. 좋은 선생님이 계셔도, 부모님이나 형제가 응원을 해주고 있다 해도, 외국어 공부는 결국 자기와의 싸움이기 때문에 셀프로 동기 부여를 하는 법도 알고 있어야 한다.

무시무시한 경고 같은 말들을 늘어놓는 이유가 뭐냐고? 뻔한 얘기이지만 이 책을 읽고 있는 독자도 언젠가는 겪어야만 하는 일이기 때문이다. 괴로운 일도 마음의 준비가 되어 있으면 조금은 나을 수 있고, 덜 힘들게 넘어갈 수 있는 지혜를 나누면 좋으니까! 독자들보다 먼저 이 레이스를 시작했고 여전히 '외국어 공부'라는 트랙에서 달리고 있는 경험자로서 슬럼프나 고비가 닥쳤을 때 평정심을 유지하고 다시 힘을 낼 수 있는 요령을 이제부터 하나씩 나누어 보겠다.

1. 실력이 계단식으로 향상된다는 사실을 다시 떠올린다.

앞에서 언어 공부는 '계단식 성장'을 하는 것이 특징이므로 실력이 멈추거나 퇴보하는 느낌이 들어도 당황하지 말라고 얘기한 바 있다. 그런데 이 말을 다시 꺼내는 이유는 막상 슬럼프가 닥치면 대부분의 사람들이 그 사실을 망각해 버린다는 것을 잘 알고 있기 때문이다.

나는 대학 시절 영어 과외를 수없이 했고, 아나운서가 되기 전 고등학교와 사설 학원에서 영어 교사를 한 숨겨진 이력도 있다. 외국어를 배우고 가르치며 보낸 지난 30년 동안 내가 만난 외국어 학습자들은 약속이라도 한 듯 고비를 맞이할 때마다 이 사실을 까맣게 잊어버리곤 했다.

수영을 하다가 당황하면 발이 닿는 곳에 있으면서도 허우적대며 물을 먹는 것과 같은 원리다. 컴퓨터 메모리가 날아가듯 하루아침에 우리 머릿속이 비워지는 것도 아닌데 모두가 공황 상태에 빠져드는 것이다. 그럴 때 부디, '외국어의 계단식 성장 원리'를 다시 한번 떠올리며 마음을 가다듬길 바란다. 그리고 반드시 기억하라. 지금 당신은 멈춰 선 것이 아니라 평지 위를 걷고 있다는 것과, 심지어 내리막길도 있을 수 있지만 계속 걸어가면 머지않아 다음 계단이 기다리고 있다는 사실을 말이다.

2. 공부하는 환경이나 시간대, 자료 등에 변화를 준다.

늘 집에서 공부를 했다면 다른 동네에 있는 도서관이나 탁 트인 풍경이 한눈에 들어오는 카페 같은 곳으로 장소를 옮기는 것이 하나의 방법이 될 수 있다. 주말에 여행을 떠난다는 마음으로 책이나 노트북을 들고 근교에 나가 공부를 하는 것도 기분 전환에 도움이 된다.

루틴처럼 반복해 온 스케줄을 다시 짜볼 수도 있다. 아침에는 어휘 공부를 하고 저녁에는 듣기나 말하기를 주로 했다면, 둘의 순서를 바꾸거나 요일별 미션을 다르게 해보는 것이다. 학습 교재를 새로운 것으로 교체하거나, 전에는 시도해 보지 않았던 장르의 영상자료에 도전하는 기회로 삼아 볼 수도 있다.

이도 저도 소용이 없다면 일주일 정도 쉰다는 생각으로 극장에 가서 외국어로 된 영화를 감상하거나, 외국 노래의 가사를 듣는 일로 공부 계획을 대체해 보는 것도 괜찮다. 외국어와 연관된 활동을 평상시의 루틴에서 벗어나 새롭게 해볼 수 있다면 어떤 방법이든 좋다. 다만 휴식이라 해서 완전히 손을 놓지 말아야 한다는 점은 기억하도록 하자.

3. 목표를 이룬 멋진 미래의 모습을 상상한다.

우리의 몸과 마음, 정신이 얼마나 유기적으로 연결되어 있는지는 놀라울 정도이다. 어떤 것을 머릿속으로 그리느냐에 따라 불가능해 보이는 일이 가능해지기도 하는데 외국어에 관련된 것은 아니지만 한 가지 흥미로운 예가 있다.

방송국 KBS에서 근무할 때의 일이다. 유명한 PD 한 분이 시사 보도 프로그램을 제작하면서 인간의 정신이 얼마나 강력하게 몸을 지배하는지를 알아보기 위해 다소 엉뚱한 실험을 진행했다. 제작 의도와 프로그램명을 숨기고 우유 회사에서 신제품 테스트를 위한 행사를 한다고 공고를 내서 참가자들을 한자리에 모았다. 그리고는 새로 개발한 맛의 우유 샘플들이라면서 여러 컵에 담긴 우유를 차례로 맛보도록 했다. 참가자들은 저마다 열심히 품평을 했고 의견은 다양했다.

그러다 갑자기 총 10명의 참가자 중 3명이 속이 좋지 않다며 구토를 하면서 쓰러졌고 나머지 참가자들은 크게 동요했다. 어수선한 분위기 속에 주최 측이 행사를 마무리하고 참가자들을 서둘러 돌려보내는 상황을 연출했는데, 쓰러진 3명은 제작진이 사전에 섭외해 둔 연기자들이었다. 그들은 정말로 탈이 난 게 아니었고 그저 충실하게 연기를 했을 뿐이었다.

영문을 알 리 없는 나머지 참가자들은 불안해하며 자리를 떠났고, 며칠 후 그중 한 사람이 PD에게 연락을 해왔다. 불량한 상태의 우유를 마신 바람에 온몸에 두드러기가 나고 식중독 증상이 나타났는데 아무리 병원에서 치료를 해도 나아지지 않으니 어떻게 책임질 것이냐고 호소를 하기 위해서였다. PD는 그녀를 만나 자초지종을 설명하고 사과했다. 그런데 우유에 문제가 있던 것이 아니라 모든 것이 짜인 각본이었다는 말을 듣는 순간 그녀의 몸에서 두드러기가 실시간으로 사라지는 모습이 카메라에 담겼다. 두 눈으로 보면서도 믿기 어려운 장면이었다.

인간이 얼마나 절대적으로 정신의 지배를 받는지를 증명해 준 그 실험을 통해 우리는 한 가지 중요한 사실을 알 수 있다. 우리의 뇌가 명령을 하면 상식적으로 혹은 과학적으로 설명이 불가능한 일도 얼마든지 벌어질 수 있다는 사실이다. 우리의 뇌는 생각보다 단순해서 자기 암시를 어떻게 하느냐에 따라 쉽게 주문이 걸리는 편이다. 그 점을 잘 활용하면 슬럼프의 순간을 벗어나는 데에도 도움이 된다.

'나는 할 수 있다', '이건 별문제 아니야', '반드시 극복할 수 있을 거야', '잠시 쉬어가는 타이밍일 뿐이야' 이런 생각을 의도적으로 하면 뇌는 그것을 기정사실로 받아들인다. 그에 더해 멋지게 외국어를 구사하며 회의를 진행하거나 여행지에서 친구를 사귀는 자신의 모습을 꾸준히 상상하면 실제로 실력 향상에 박차를 가할 수 있다. 이것은 심리 치료를 위해서도 활용되는 기법으로 반드시 효과가 있으니 꼭 실천해 보시길!

같은 맥락에서 반드시 피해야 할 일이 있다. '나는 왜 제대로 하는 게 없지?', '나는 외국어에 재능이 없어'와 같은 부정적인 생각은 절대 금물이다! 그 대신 '나는 언어 능력자다', '이만하면 충분히 잘 하고 있다'와 같은 생각을 하면서 마인드 컨트롤을 해보자.

4. 외부의 자극제를 설정한다.

외국어 공부를 하다 보면 아무리 의지가 강한 사람도 지칠 때가 있고 포기하고 싶은 순간이 온다. 누구든지 자신이 의지박약처럼 느껴질 때가 있는데 그때 필요한 자극을 남들이 알아서 코앞에 가져다 줄 거라고 기대하며 넋 놓고 있어서는 안 된다. 외부의 자극이 필요하지만 그것을 찾는 주체는 본인이 되어야 한다.

예를 들어 스터디 버디를 구하는 것을 꼽을 수 있겠다. 혼자서 하는 공부는 아무래도 이런저런 핑계로 미루거나 접기 쉬운데 함께 공부하는 파트너가 있으면 그런 확률을 줄일 수 있다. 또 시험에 등록해 놓는 방법도 있다. 대단한 자격증이나 공인되는 점수가 나오는 게 아니라 하더라도 중간 지점을 확인할 수 있는 폴대를 세운다는 개념으로 온라인상의 모의시험이나, 문제집 등을 활용해 셀프 테스트를 정기적으로 하면 동기 부여를 받을 수 있고 시험을 치르면서 다시 한번 자극을 받을 수 있다. 외국어 스터디나 토론 그룹을 찾아본다든가, 개인지도 선생님을 구해서 자신을 좀 단단히 잡아달라고 부탁하는 것도 방법이다. 의지만 있다면 길은 얼마든지 있다.

5. 애초에 공부를 시작한 이유를 상기시킨다.

앞을 보고 열심히 달리다 보면 어떤 출발선에 서 있었는지조차 잊게 되는 경우가 많다. 그래서 왠지 막다른 길처럼 느껴질 정도로 슬럼프에 빠지게 되면 요즘 말로 '멘붕'이 오면서 내가 애초에 왜 이렇게 힘든 공부를 시작했지, 하는 회의가 들고 처음 마음속에 품었던 의지의 불꽃이 사그라들게 된다.

이럴 때 다시 불을 붙여주는 방법으로는 어떤 일을 계기로, 어떤 목표가 있어서, 어떤 기쁨을 누리기 위해, 어떤 꿈을 달성하고 싶어서 공부를 시작했는지 자신의 기억을 스스로 되살려 주는 것이 효과적이다. 그래서 처음 외국어 공부를 시작할 때 도전을 하게 된 이유를 주제로 글을 쓰거나, 비디오로 녹화를 해두었다가 힘들 때 꺼내 보는 것도 좋다.

여기까지가 내가 제안하는 슬럼프 극복 및 셀프 동기 부여에 도움이 될 수 있는 방법들이다. 이외에도 얼마든지 다른 길을 찾아볼 수 있다. 학습법에 있어서 자기만의 노하우를 만들어가는 과정이 중요하듯, 슬럼프를 대하는 태도에 있어서도 다른 사람의 사례를 참고해 '나만의 극복법'을 생각해 낼 수 있으면 더욱 좋다. 우리는 기계가 아니기 때문에 절대 공식대로 모든 문제를 해결할 수 없다. 자기 자신에 대한 관찰을 통해 최적화된 길을 발견하고 위기를 이겨 내는 지혜가 필요하다.

중요한 것은 조금 돌아가거나 쉬어갈지라도 원하는 곳을 향해 계속 걸어가는 것이다. 가장 든든한 지원군은 나 자신이며, 힘들고 지칠 때 일으켜 줄 수 있는 것도 바로 나 자신이라는 사실을 절대 잊어서는 안 된다. 포기하지 않으면 반드시 원하는 바를 이룰 수 있다. 피할 수 없으면 즐겨라! '외국어 공부'라는 쉽지 않은 레이스에서 살아남는 비법은 바로 이것이다.

03

AI 번역기가 나와도
외국어 공부를 계속 해야 하는 이유

영화 속 일들이 현실이 되고 상상하던 미래가 한층 가까워지는 것을 실감하는 요즘, 우리 삶이 편리해지는 만큼 일자리를 빼앗기고 나아가 인간이 AI의 지배를 받게 될 것이라는 우려까지 대두되면서 세계는 이 한 가지 질문에 대한 토론으로 뜨겁다.

"AI가 정말 인간을 대신할 수 있을까?"

언어에 대한 관심과 열정이 남다른 한 사람으로서 나 또한 몹시 궁금한 것이 있다.

"AI 번역기가 나오면 외국어 공부를 하지 않아도 될까?"

교통수단과 기술의 발달로 지구가 1일 생활권 내로 들어온 지 오래다. 외국어는 개인의 감정을 표현하고 소통하는 일에서 뿐만 아니라 국가 간의 교역, 문화교류, 평화를 위한 협상 등에 있어서도 핵심적인 역할을 하게 되었다. 이제는 전 세계를 옆집 드나들 듯 여행할 수 있고, 교육에 있어서도 언어 문제만 해결되면 국경은 존재하지 않는 것이나 다름이 없다. 그런데 인류의 과학기술이 날로 발전하면 이 모든 일들을 정말 AI의 도움만으로 해결하는 것이 가능해질까?

인공지능을 이용하면 기계가 통·번역을 대신하는 날이 곧 도래한다는 이야기가 나온 것은 이미 60여 년 전의 일이다. 물론 그사이 더 좋아진 기술 덕에 초창기보다는 훨씬 자연스러운 번역기의 활약상을 접할 수 있게 된 것이 사실이다.

구글 번역기의 경우 입력하는 텍스트를 알고리즘과 개연성의 확률을 이용해 번역하는 것에서 한 단계 더 발전하여 카메라 기능으로 언어를 번역하는 수준에까지 이르렀다. 비록 완벽하진 않지만, 외국 여행 시 알파벳마저 낯선 메뉴판을 카메라로 비추면 구글이 그 뜻을 텍스트로 번역하는 일이 가능해진 것이다. 그런가 하면 몇 년 전에는 나이지리아의 한 IT 사업가가 아프리카의 2,000여 개 지역 언어 번역을 지원하는 획기적인 AI 플랫폼 OBTranslate를 세상에 내놓는 쾌거를 올리기도 했다.

하지만 이러한 놀라운 성과들과 더불어 결정적인 문제점과 한계가 드러나면서 '어쩌면 기계가 인간을 대신해 언어를 번역하는 것은 아주 먼 미래에나 꿈꿀 수 있는 일인 것 같다'는 비관적인 견해 또한 커지고 말았다.

여행지에서 입국 수속 절차를 밟거나 음식을 주문하는 일 등은 지금도 번역기를 통해 할 수 있고, 기술 분야처럼 전문 용어만 알면 직역하는 것이 가능한 문서 전환 등에는 AI가 효과적으로 쓰일 수 있다. 하지만 인간 대 인간의 소통을 놓고 봤을 때는 개인의 관계에서든 비즈니스나 외교의 문제이든 간에 기계가 결코 대신할 수 없는 것들이 존재한다.

이것은 인간의 언어가 관습적인 시스템에 따라 새롭고 창의적인 문장을 무제한적으로 만들어내는 기능을 갖추고 있다는 속성과 관련이 있다. 인간은 심리적 능력의 진화 덕분에 언어라는 신호를 유연하게 생성하고 사용할 줄 아는데 이것은 기계와 결정적으로 다른 부분이다. AI가 아무리 발달한다 해도 분리된 기호를 인코딩 혹은 디코딩해서 단어를 번역할 뿐 문맥이나 합리성, 비유, 냉소적 표현 등 더 깊이 숨어 있는 의미와 뉘앙스를 옮길 수는 없다는 의미다. 따라서 개인적으로 AI 덕분에 인간이 외국어 공부에서 완전히 자유로워지는 일은 쉽게 일어나지 못할 것이라는 데에 한 표를 던진다.

이 글을 읽는 당신의 생각은 어떠한가? 적어도 지금으로서는 그것이 불가능해 보이는 결정적 이유를 하나씩 살펴보자.

1. 생각을 기계로 번역하는 데 한계가 있다.

기계는 한 언어의 단어를 다른 언어의 해당 단어로 전환하는 작업을 하는 것이 최선인데 인간에게 필요한 건 '단어들의 조합을 통해 만들어진 문장 속에 담긴 생각을 전달하는 것'이기에 그 괴리가 크다. 단순한 단어의 교체만으로 우리의 생각이 제대로 전달되는 경우는 지극히 제한적이다. 인간의 생각은 사용하는 언어에 의해 지배를 받고, 언어는 배경이 되는 문화의 영향을 받을 뿐 아니라 오랜 세월이 축적되어 지금의 모습을 갖추게 된 것이기 때문이다.

즉, 각 언어에는 그것이 탄생하고 발전해온 문화적, 역사적 배경이 있어서 단순히 기계적 전환을 했을 때 타 문화권에서는 그 의미나 느낌이 완전히 달라지는 경우가 허다하다. 따라서 다양한 사회, 문화적 요소가 농축되어 만들어진 언어에 의해 지배당하는 인간의 생각을 AI가 완벽하게 번역하는 것은 불가능할 수밖에 없다. 기계 번역의 이러한 맹점을 어떻게 극복해야 할지에 대한 해결책은 여전히 오리무중이다.

2. 기계는 문맥을 파악하는 능력이 없다.

누군가 두 언어를 교체 사용해 소통을 돕는다고 할 때 단어 하나하나의 의미를 넘어 문장, 나아가 대화 전체의 문맥을 파악해 내용을 전달하는 것은 아주 중요한 문제이다. 우리말에도 '아' 다르고 '어' 다르다는 표현이 있지 않던가. 전체적인 맥락을 잘못 짚어서 단어 하나만 부적절하게 사용해도 결과는 극단적으로 달라질 수 있다.

또한 인간이 통역을 하면 혹여 화자가 실수를 하게 되더라도 적절하게 뒤의 문장을 의역하여 내용 전달에 지장이 없도록 하는 일이 가능한데 기계는 이런 상황에 대처할 수 있는 능력이 없다. 쉽게 말해서 끝까지 들어봐야 알 수 있는 말, 진짜 의도가 따로 숨겨져 있는 문장, 앞서 했던 말들을 통해 미루어 짐작해야 하는 내용 등은 인간만이 제대로 전할 수 있는 것이다.

3. 기계는 감정 전달을 할 수 없다.

분노, 실망, 슬픔, 기쁨, 설렘과 같은 인간의 감정은 특유의 목소리 톤이나 억양, 표정 등을 통해서 전달될 수 있는 것인데 이건 기계 번역을 통해 전하는 것이 불가능하다. 어떤 뉘앙스로 어떤 감정을 이입해 전하는가 하는 것이 텍스트 자체보다 더 중요할 때도 많은데 아무리 기술이 발달한다 한들 기계가 혹은 로봇이 과연 이런 느낌을 전달할 수 있을까? 고개가 갸우뚱해질 수밖에 없는 부분이다.

기계가 인간을 대신할 수 없는 결정적인 또 한 가지의 이유는 바로 유머 감각의 부재가 아닐까 생각한다. 유머 감각이 없다는 것은 그저 웃긴 이야기를 전달하지 못하는 문제로 끝나지 않는다. 비유적 표현이나 반어적 느낌 등이 담긴 문장도 기계는 그저 있는 그대로 단어를 교체하여 번역해 버릴 테니 내용이 제대로 전달될 리 만무하다. 결국 문학적, 시적 표현은 인간만이 전할 수 있는 것이라는 결론에 이르게 될 수밖에 없다. 물론 인공지능을 장착한 로봇이 그림도 그리고 소설도 쓴다는 뉴스는 본 적 있지만 그것이 얼마나 창의적이고 예술적인 작품으로 탄생해 우리에게 감동을 줄 수 있을지는 미지수이다.

4. '동음이의어' 번역 문제와 '번역이 불가능한 단어'가 있다.

예를 들어 '말'이란 단어를 영어 'word'와 'horse' 중 무엇으로 번역해야 할지 기계가 어떻게 판단할 수 있을까? 뿐만 아니라 전자의 의미를 가진 '말'의 경우 영어로는 word, language, speech, tongue, talk 등 여러 가지 단어로 문맥이나 상황에 따라 다르게 번역되어야 하는데 이것 역시 입력된 프로그램에 따라 움직이는 기계 입장에서는 쉽지 않은 선택이 될 수밖에 없다.

그뿐만 아니다. 한 언어에는 있는 단어가 다른 언어들에서는 존재하지 않아서 장황하게 설명을 해야 그 느낌을 겨우 추측할 수 있는 경우도 있다. 기계 번역으로는 도저히 메꿀 수 없는 틈새가 존재하는 것이다.

예를 들면, 브라질에서 쓰이는 포르투갈어에는 'cafune'라는 단어가 있다. 이것은 '사랑하는 사람의 머리카락 사이로 손가락을 넣어 부드럽게 이리저리 움직이는 행위'를 뜻한다. 도대체 이것을 어떻게 번역할 수 있을까? 독일어에는 'honigkuchenpferd'라는 단어가 있는데 기계가 번역하면 '말 horse 모양의 꿀케이크'가 되겠지만 이 단어의 진짜 뜻은 '도저히 감추거나 지워낼 수 없을 만큼 얼굴 가득 환하게 번진 웃음'이다. 스페인어의 'sobremesa'는 '테이블 위'라고 직역할 수 있는데, 실제 의미는 식사가 끝난 후에도 계속해서 술이나 차를 마시며 함께 보내는 시간을 의미한다.

감정과 연결되어 더 미묘한 것도 있다. 태국어에는 'grengjai'라는 단어가 있는데 이것은 '누군가 당신을 위해 뭔가를 해주려 할 때 그 사람이 고통받게 될 것이 뻔해서 마음속으로 그러지 않았으면 하고 느끼는 감정'을 뜻한다.

이런 단어들이 기계로 번역 불가하다는 나의 주장에 반기를 들 수 있는 사람이 있을까? 우리 말의 '정情'이나 '한恨'의 느낌을 정확하게 대체할 외국어 단어를 찾는 것이 하늘의 별 따기인 것처럼 기계로는 도저히 번역이 불가능한 단어나 표현들이 있는 것이다.

5. 신기술과 신조어를 실시간으로 업데이트하는 것이 불가능하다.

기술을 활용한 소통의 한계는 너무나 빨리 변화하는 세상과도 연관이 있다. 수를 헤아릴 수 없는 신기술과 신조어가 세계 각지에서 매일 만들어지는 상황에서 그것들을 즉시 업데이트하는 것은 불가능하다.

인공지능이 아무리 발달한다 해도 기계로 언어를 번역하는 일은 결국 인간이 데이터를 입력하고 프로그래밍하여 전 세계에 공유했을 때만 가능하다. 지구상에 존재하는 7,000개에 가까운 언어 중에 광범위하게 쓰이는 주요 언어만을 골라 적용한다 하더라도 실시간으로 생성되고 사라지는 단어를 업데이트하는 것이 과연 어느 선까지 가능할까? 도저히 넘을 수 없는 벽과 한계가 존재할 수밖에 없음은 자명한 현실이다.

언어학자 놈 촘스키 박사는 '인간의 뇌에는 언어 습득을 위한 일종의 장치LAD, Language Acquisition Device가 있고 태어날 때부터 보편적인 문법 체계가 갖추어져 있다'고 주장했다. 모든 언어는 유사한 문법체계, 즉 예외 없이 주어, 동사, 형용사 등의 형태를 기본적으로 갖추고 있으며 단지 어떤 식으로 배치하고 변형시키는가에 따라 차이가 있다는 것이다.

그의 논리에 따르면 언어를 습득한다는 것은 어느 정도 일정한 틀 안에서 문장 구성을 어떻게 할 것인가에 대한 각 언어의 특성 혹은 차이점을 배우는 과정이다. 따라서 그 형식에 구애받기보다는 어떤 생각과 개념을 담아 전달할 것인가에 더 의미를 부여해야 한다는 뜻이 된다.

'언어의 본질'은 사람과 사람 사이의 의사 전달과 소통, 나아가 회사, 지역사회, 국가 간의 교류와 이해, 공감 등을 위해 존재하는 도구이다. 기계가 인간의 복잡하고 깊은 감정과 생각을 제대로 전달하기 위해서는 얼마나 더 기술이 발달하고 시스템이 갖추어져야 할까? 안타깝게도 현재로서는 '그 시기를 가늠하기 어렵고 성공 여부도 장담할 수 없다'가 답일 것이다. 물론 AI를 이용한 언어 번역에 대한 다각적인 연구는 계속될 것이고 어쩌면 획기적인 기술이 발명될 수도 있다. 하지만 반대로 영원히 어떠한 결론에도 이르지 못할 가능성도 배제할 수는 없다.

다만 어떤 미래가 닥치든 변하지 않을 진리가 있다면 인류의 언어는 세상의 변화와 함께 계속 진화할 것이라는 사실, 또 인간은 소통과 연결을 통해 살아가고 발전해갈 수밖에 없는 존재라는 것이다. 따라서 글로벌 시대를 맞은 세상 속에서 관계를 맺고 성장하는 인간으로 살아가려면 적어도 당분간은 외국어를 습득, 구사하는 능력이 매우 중요할 수밖에 없다.

그런 의미에서 이 책을 집어 든 당신은 현명한 선택을 한 것이다. 지구라는 별에 태어나 살아가는 동안 주어지는 '인생'이라는 선물을 최대한 만끽하는 최고의 방법 중 하나는 바로 외국어를 배워 자신의 무대를 넓히는 것이니까! 그리고 외국어는 하루라도 빨리 배우는 게 좋으니까 말이다.

실천이 쉬워지는

◆100일 스터디 플래너◆

◆ 자신에게 맞는 샘플을 응용해서 꾸준히 실천하세요.

오늘의 목표	날짜

듣기	목표시간	체크
만족도	학습시간	

말하기	목표시간	체크
만족도	학습시간	

읽기	목표시간	체크
만족도	학습시간	

쓰기	목표시간	체크
만족도	학습시간	

기타(문법, 어휘 등)	목표시간	체크
만족도	학습시간	

	10	20	30	40	50	60
01						
02						
03						
04						
05						
06						
07						
08						
09						
10						
11						
12						
13						
14						
15						
16						
17						
18						
19						
20						
21						
22						
23						
24						

타임라인 활용법
❶ 세로 숫자는 시간을, 가로 숫자는 분을 나타냅니다.
❷ 공부한 시간만큼 표시하세요.

메모

오늘의 목표		날짜	

듣기	목표시간	체크
만족도	학습시간	

말하기	목표시간	체크
만족도	학습시간	

읽기	목표시간	체크
만족도	학습시간	

쓰기	목표시간	체크
만족도	학습시간	

기타(문법, 어휘 등)	목표시간	체크
만족도	학습시간	

	10	20	30	40	50	60
01						
02						
03						
04						
05						
06						
07						
08						
09						
10						
11						
12						
13						
14						
15						
16						
17						
18						
19						
20						
21						
22						
23						
24						

타임라인 활용법
❶ 세로 숫자는 시간을, 가로 숫자는 분을 나타냅니다.
❷ 공부한 시간만큼 표시하세요.

메모

손미나의
나의 첫 외국어 수업

실천해야 할 학습항목을 적으세요.

실천할 때마다 칸에 표시하세요.

1단계	기초 쌓기

2단계	실력 키우기

01	02	03	04	05
06	07	08	09	10
11	12	13	14	15
16	17	18	19	20
21	22	23	24	25
26	27	28	29	30

메모

31	32	33	34	35
36	37	38	39	40
41	42	43	44	45
46	47	48	49	50
51	52	53	54	55
56	57	58	59	60

메모

3단계	독립 연습	내 약점 집중 공략하기

- _____
- _____
- _____
- _____
- _____
- _____
- _____
- _____
- _____

- _____
- _____
- _____
- _____
- _____
- _____
- _____
- _____
- _____

61	62	63	64	65
66	67	68	69	70
71	72	73	74	75
76	77	78	79	80
81	82	83	84	85
86	87	88	89	90

메모

91	92	93	94	95
96	97	98	99	100

메모

1단계

1일 ○○○○	2일 ○○○○	3일 ○○○○	4일 ○○○○	5일 ○○○○
6일 ○○○○	7일 ○○○○	8일 ○○○○	9일 ○○○○	10일 ○○○○
11일 ○○○○	12일 ○○○○	13일 ○○○○	14일 ○○○○	15일 ○○○○
16일 ○○○○	17일 ○○○○	18일 ○○○○	19일 ○○○○	20일 ○○○○
21일 ○○○○	22일 ○○○○	23일 ○○○○	24일 ○○○○	25일 ○○○○
26일 ○○○○	27일 ○○○○	28일 ○○○○	29일 ○○○○	30일 ○○○○

2단계

31일 ○○○○	32일 ○○○○	33일 ○○○○	34일 ○○○○	35일 ○○○○
36일 ○○○○	37일 ○○○○	38일 ○○○○	39일 ○○○○	40일 ○○○○
41일 ○○○○	42일 ○○○○	43일 ○○○○	44일 ○○○○	45일 ○○○○
46일 ○○○○	47일 ○○○○	48일 ○○○○	49일 ○○○○	50일 ○○○○
51일 ○○○○	52일 ○○○○	53일 ○○○○	54일 ○○○○	55일 ○○○○
56일 ○○○○	57일 ○○○○	58일 ○○○○	59일 ○○○○	60일 ○○○○

3단계

61일 ○○○○	62일 ○○○○	63일 ○○○○	64일 ○○○○	65일 ○○○○
66일 ○○○○	67일 ○○○○	68일 ○○○○	69일 ○○○○	70일 ○○○○
71일 ○○○○	72일 ○○○○	73일 ○○○○	74일 ○○○○	75일 ○○○○
76일 ○○○○	77일 ○○○○	78일 ○○○○	79일 ○○○○	80일 ○○○○
81일 ○○○○	82일 ○○○○	83일 ○○○○	84일 ○○○○	85일 ○○○○
86일 ○○○○	87일 ○○○○	88일 ○○○○	89일 ○○○○	90일 ○○○○

내 약점 집중 공략하기

91일 ○○○○	92일 ○○○○	93일 ○○○○	94일 ○○○○	95일 ○○○○
96일 ○○○○	97일 ○○○○	98일 ○○○○	99일 ○○○○	100일 ○○○○

100일 완성!!

1단계

1일 ○○○○	2일 ○○○○	3일 ○○○○	4일 ○○○○	5일 ○○○○
6일 ○○○○	7일 ○○○○	8일 ○○○○	9일 ○○○○	10일 ○○○○
11일 ○○○○	12일 ○○○○	13일 ○○○○	14일 ○○○○	15일 ○○○○
16일 ○○○○	17일 ○○○○	18일 ○○○○	19일 ○○○○	20일 ○○○○
21일 ○○○○	22일 ○○○○	23일 ○○○○	24일 ○○○○	25일 ○○○○
26일 ○○○○	27일 ○○○○	28일 ○○○○	29일 ○○○○	30일 ○○○○

2단계

31일 ○○○○	32일 ○○○○	33일 ○○○○	34일 ○○○○	35일 ○○○○
36일 ○○○○	37일 ○○○○	38일 ○○○○	39일 ○○○○	40일 ○○○○
41일 ○○○○	42일 ○○○○	43일 ○○○○	44일 ○○○○	45일 ○○○○
46일 ○○○○	47일 ○○○○	48일 ○○○○	49일 ○○○○	50일 ○○○○
51일 ○○○○	52일 ○○○○	53일 ○○○○	54일 ○○○○	55일 ○○○○
56일 ○○○○	57일 ○○○○	58일 ○○○○	59일 ○○○○	60일 ○○○○

3단계

61일 ○○○○	62일 ○○○○	63일 ○○○○	64일 ○○○○	65일 ○○○○
66일 ○○○○	67일 ○○○○	68일 ○○○○	69일 ○○○○	70일 ○○○○
71일 ○○○○	72일 ○○○○	73일 ○○○○	74일 ○○○○	75일 ○○○○
76일 ○○○○	77일 ○○○○	78일 ○○○○	79일 ○○○○	80일 ○○○○
81일 ○○○○	82일 ○○○○	83일 ○○○○	84일 ○○○○	85일 ○○○○
86일 ○○○○	87일 ○○○○	88일 ○○○○	89일 ○○○○	90일 ○○○○

내 약점 집중 공략하기

91일 ○○○○	92일 ○○○○	93일 ○○○○	94일 ○○○○	95일 ○○○○
96일 ○○○○	97일 ○○○○	98일 ○○○○	99일 ○○○○	100일 ○○○○

100일 완성!!

손미나의
나의 첫 외국어 수업

1판 1쇄 발행 2021년 7월 15일

지은이 손미나
발행인 오영진 김진갑
발행처 토네이도

책임편집 박수진
기획편집 박민희 진송이 박은화
디자인팀 안윤민 김현주
마케팅 박시현 박준서 김예은
경영지원 이혜선 임지우

출판등록 2006년 1월 11일 제313-2006-15호
주소 서울시 마포구 월드컵북로5가길 12 서교빌딩 2층
독자 문의 midnightbookstore@naver.com
전화 02-332-3310 **팩스** 02-332-7741
블로그 blog.naver.com/midnightbookstore
페이스북 www.facebook.com/tornadobook

ISBN 979-11-5851-219-4 (03190)